꼭 알아야 할 이탈리아 요리의 모든 것

이탈리아요리

ITALIANA CUCINA

(최신개정판)

류정열 · 윤수선 · 권기완

지식인

이탈리아요리

2022년 1월 20일 최신개정판 인쇄
2022년 1월 25일 최신개정판 발행

지은이 | 류정열 · 윤수선 · 권기완

펴낸이 | 김종욱 · 명사동
펴낸곳 | 지식인
등 록 | 제301-2013-134호
주 소 | 서울시 도봉구 도봉로 180길 20 투웨니퍼스트 102동 602호
전 화 | 02)2266-8606(대)
팩 스 | 02)2266-8607
이메일 | jisikin2013@naver.com
홈페이지 | www.jisikinbook.co.kr

ISBN 979-11-90815-87-1 (93590)

값 29,000원

이탈리아요리

P R E F A C E

근래에 들어 정통 이탈리안 레스토랑이 많이 생겨나면서 다양한 종류의 피자와 파스타 등 이탈리아요리 메뉴들이 특이한 메뉴가 아닌 친숙한 메뉴가 되어가고 있다. 정통코스의 서양식 요리가 느끼해서 혹은 너무 형식적이어서 거부감을 갖는 젊은 세대와 새로운 문화를 즐기려는 기성세대에게 이탈리아요리는 신선하지만 친숙하면서 접하기 편한 요리로 자리잡아 가고 있다. 다양한 종류의 파스타, 피자, 리소토, 파니니, 젤라또 등의 수없이 많은 이탈리아 음식들을 우리가 주변에서 쉽게 접할 수 있는 것을 보면 알 수가 있다. 이탈리아요리의 이런 편안함과 친숙함 또는 호감들이 일시적인 유행이 아닐 것이며 계속 더 우리의 식생활과 밀접한 관계를 형성할 것으로 보인다.

제1부에서는, 이탈리아요리하면 생각나는 요인들과 이탈리아요리에서 필수적으로 알아야 할 기본 재료들에 대해 소개하고, 여기에 건면파스타와 생면파스타에 관한 내용들을 수록하였다. 그리고 이탈리아요리를 만드는데 알아야할 조리 도구에 대해 언급하였다.
제2부에서는, 요리의 코스를 중심으로 한 단계별 메뉴들로 구성하였다. 안티파스토, 쁘리모삐아토, 쎄콘도삐아토, 돌체의 단계별 메뉴에 대한 설명과 다양한 이탈리아요리 만드는 방법, 레시피, 사진 등을 소개하였다.
이 책이 이탈리아요리를 공부하는데 조금이나마 도움이 될 수 있기를 바라면서 시간과 노력, 그리고 정성을 들였으나 부족하고 미흡하다는 것을 새삼 느낀다. 현장에서의 소중한 실무 경험과 수차례에 걸친 이탈리아 방문으로 얻어진 자료를 바탕으로 집필하였으며, 저자들의 경험만으로 다 채울 수 없었던 부분은 국내 · 외의 조리서적을 상당부분 참고하여 현실에 맞게 재구성하였음을 알려드린다. 그리고 집필 과정에서 미처 발견하지 못한 미흡하고 부족한 부분이 있으리라 사료된다. 이 점에 대해서는 조언과 충고를 부탁드리며, 교정을 통해 수정과 보완을 거치면서 더욱 완성도 있는 서적으로 만들려는 노력을 아끼지 않을 것이라 생각해 본다.

본서가 나오게 되기까지 자료수집과 정리를 도와주신 분들과 도움 말씀을 주신 교수님들, 그리고 서적이 출간되기까지 사랑과 관심으로 지켜봐 주시고 격려를 해주신 모든 분들께 진심으로 감사의 말씀을 드립니다. 마지막으로, 집필할 수 있도록 지원해 주신 지식인 대표님과 교정에 힘써주신 관계자분들께 감사의 인사를 드립니다.

공저자

c o n t e n t

Part 01 이탈리아요리 이론

Part 02
이탈리아요리 실기

Italiana Cucina

01
Part

이탈리아요리 이론

1. 이탈리아요리의 상징

1) 파스타

이탈리아 하면 떠오르는 대표적인 요리라고 해도 과언이 아닌 파스타는 영양학적 측면에서 우수한 식품에 해당된다. 파스타는 밀가루와 달걀, 물, 소금 등으로 반죽하여 원하는 형태의 모양으로 만들어 바로 요리에 사용하는 생면Fresca파스타와 만들어서 완전히 건조시켜 오랜 기간 보관하며 사용할 수 있게 밀봉 포장한 건면Secca파스타로 크게 나뉘며 모양, 크기, 용도 등에 따라 세분화된다. 생면파스타는 여러 나라에서 이미 오래 전부터 다양한 형태로 만들어 사용해왔지만, 우리나라에서는 이 생면파스타가 최근에 와서야 관심을 받고 사용되기 시작했다.

유럽의 다양한 자료들에 의하면, 시칠리아는 기원전 70년경에 벌써 밀을 재배, 생산하고 로마에까지 수출하였다는 기록이 있으며, 밀의 특성상 오랜 기간 보관이 어렵고 곰팡이나 해충 등에 의해 변질이 되기 쉽기 때문에 밀을 가공해 저장성을 높이고 운반이 용이하도록 건면파스타의 형태로 만든 것으로 추측된다. 건면파스타의 초기 주요 생산지가 아랍문화의 영향을 받은 시칠리아라고 기록되어 있는 문헌들이 다수 있는데, 이는 고대 시칠리아어로 파스타를 '이트리아Itrija'라고 했기 때문인 것으로 보인다. 이것이 밀을 의미하는 아랍어 '트리아Tria'와 유사하다는 이유에서 파스타의 기원을 아랍으로 보기도 한다. 시칠리아를 지배했던 아랍인들의 영향으로 파스타를 만들기 시작해서 이탈리아의 남서부 시칠리아를 시작으로 캄파니아주와 이탈리아 북부인 리구리아의 일부지역에서까지 생산과 소비가 매우 활발했던 것으로 알려져 있으며 이후 파스타는 리구리아의 제노바 상인들에 의해 이탈리아 전역으로 알려지게 되었다고 한다.

이탈리아 14세기경의 식문화와 관련된 자료들에 의하면, 일부 트리아에 관한 조리법들이 제노바식으로 기록되어 있다. 이는 제노바를 드나들던 무역상들에 의해 이탈리아 전역에 전파되었기 때문으로 보인다. 긴 파스타들은 '버르미첼리Vermicelli', 짧은 파스타나 다른 여러 모양의 파스타들은 '마케로니Maccheroni'힘으로 반죽을 치댄다는 시칠리아의 지역어 마카루니(Maccarruni)에서 유래로 불렸다. 이탈리아의 전 지역에서 생산되기 시작한 파스타는 주로 경질밀이 우수한 남부지방을 중심으로 리구리아의 일부지방뿐 아니라 남부의 아롤리아 그리고 북부인 에밀리아 로마냐와 베네토까지 확산되었다. 그리고 이탈리아 북부지방은 주로 연질밀의 생산이 활발하였으므로, 건면파스타보다는 연질밀을 이용해 물과 달걀반죽으로 만드는 생면파스타가 발달하였다.

이탈리아의 건면파스타가 대중적으로 확산되고 이용되기 시작한 것은 1630년경 나폴리의 인구가 갑자기 늘어나면서 많은 식량 공급이 필요해진 상황 때문이었으며, 이 시기 밀 압착기의 발명과 새로운 반죽기술의 개발은 혁명에 버금갔다. 이로 인해 이탈리아 남부지방의 사람들은 경질밀에 함유된 글루텐과 단백질을 섭취할 수 있게 되면서 주로 주식으로 옥수수나 감자를 섭취하는 북부지방의 사람들보다 영양학적 측면에서 영양소를 골고루 갖춘 훌륭한 식사를 할 수 있게 되었다.

1800년대에 이탈리아의 통일이 이루어지고 교류가 활발해지면서 파스타는 대중화 보편화되기 시작했으며, 처음에는 주로 간단하게 치즈로 버무려 먹는 형태였다. 이후 1800년대 중반에서야 우리가 흔히 알고 있는 토마토를 이용한 소스가 만들어지면서 파스타에 버무려 먹기 시작했다. 1800년대까지는 이탈리아의 남부지방을 중심으로 파스타가 대중화 보편화되고, 다른 지역은 상대적으로 덜 하였으나, 토마토소스와 치즈를 사용해 만든 다양한 소스류에 버무린 스파게티와 마카로니 등 파스타에 대한 이탈리아 사람들의 입맛은 이 시기를 거치며 정착되었다. 1800년대 말에서야 이탈리아를 떠나 다른 나라에 이민을 간 이민자들에 의해 세계 여러 나라에 알려지기 시작했다.

2) 토마토

토마토는 파스타뿐만 아니라 이탈리아요리를 상징하는 식재료가 되었으며, 현재 토마토를 이용해 만든 다양한 종류의 소스들은 세계 각국에서 누구에게나 사랑받고 다양한 요리에 사용되고 있다.

이탈리아 제노바 출신의 콜럼버스1451~1506에 의해 1492년 아메리카 신대륙이 발견되었으며, 이 신대륙에서 들여온 여러 식물들이 본격적으로 재배되기까지 수십 년이 걸렸다. 그 중 파스타에 많이 사용되는 토마토는 스페인을 거쳐 유럽 전 지역에 차츰 전파되었는데,

이탈리아에 토마토가 들어오기 시작한 것은 16세기경이었으나, 바로 파스타요리에 사용되었던 것은 아니다. 당시 처음에는 장식을 위한 관상용 식물로 취급되면서 '독성을 지닌 위험한 식물'이라는 인식까지 있었기 때문이다.

1700년 중반부터 나폴리의 근처 베수비오 산기슭의 토양에 적응하기 시작하면서 토마토는 식재료로 관심받고 식용으로 개량되어 자리잡기 시작하였다. 1800년대에 들어오면서 파스타가 토마토와 만나기 시작했으며, 이 파스타와 토마토의 만남으로 토마토가 요리에 본격적으로 사용되면서 이탈리아에서의 파스타 요리들은 더욱 다양하고 풍부해졌고, 사람들의 식생활에도 커다란 변화를 가져오기 시작했다. 이후 토마토는 18세기에서 19세기를 거쳐 이탈리아 및 유럽의 식생활에 큰 역할을 하기 시작했다.

토마토가 식재료로 한 단계 발전할 수 있었던 계기를 만든 사람은 나폴리 지역에 살던 이탈리아의 요리사이면서 학자였던 빈첸조 코라도Vincenzo Carrado였다. 빈첸조 코라도는 나폴리요리를 소개하는 그의 저서『우아한 요리사 IL Cuoco Galante』에서 최초로 토마토소스에 관해서 언급했으며 토마토소스를 호평하면서 다양한 토마토요리와 파스타에 대해 소개하였다. 이로 인해 토마토는 정원에서 부엌으로 자리를 옮기게 되었다고도 한다. 빈첸조 코라도는 저서에 토마토의 전처리 과정을 자세히 설명하고 있는데, "토마토를 불에 살짝 그슬리거나 끓는물에 데친 후 껍질을 벗기고 반으로 잘라 씨를 제거하고 사용한다."고 소개했다. 이 방법은 오늘날까지 요리에 토마토를 사용하는 기본 방법이 되고 있다.

1830년경부터 토마토를 이용한 다양한 소스들과 관련 조리법들이 다양한 형태로 등장하기 시작하면서 토마토가 유럽의 식문화를 서서히 잠식하기에 이르렀는데 이는 토마토가 나폴리라는 새로운 고향을 만났기 때문으로 보여진다. 나폴리는 토마토를 이용한 최초의 조리법이 등장한 곳으로 토마토소스를 얹은 피자나 파스타가 탄생한 곳이다. 실험정신이 강한 나폴리의 요리사들에 의해 토마토는 다양한 요리에 응용되어 사용되었고, 그들에 의해 토마토를 사용한 요리법들이 요리책으로 발간되어 이탈리아뿐만 아니라 유럽 전역에 퍼져나가는 계기가 되었다.

이처럼 토마토를 기본으로 한 이탈리아의 다양한 요리들은 나폴리를 시작으로 유럽 전역을 거쳐 지금은 전 세계에서 사랑받고 있다. 더불어 근래에는 건강에 관심도가 높아지고 토마토의 영양학적 측면이 화제가 되면서 토마토는 식재료서의 가치가 더욱 높아지고 있다.

3) 리소토

리소토는 쌀을 주재료로 만든 이탈리아의 요리 중 하나이다. 리소토는 두꺼운 팬을 사용해 쌀을 올리브유 또는 버터에 살짝 볶아낸 후 스톡과 채소, 향신료, 육류, 해산물 등 원하는 재료들을 넣고 원하는 정도로 부드러워질 때까지 눌러붙지 않도록 저어가며 졸인 후 치즈가루와 허브 등을 첨가해 완성해 내는 음식이다.

이탈리아의 리소토에 주로 사용되는 쌀은 현지에서 직접 생산되는 아르보리오Arborio이다. 다른 유럽산의 쌀들에 비해 전분을 많이 함유하고 있어 끈기가 많고 속이 꽉 차 있는 조금 굵은 쌀로 아밀로펙틴 함량이 높아서 리소토에 적합하다. 아르보리오 쌀은 조금 굵은 편이어서 부드러운 질감의 리소토를 완성하기 위해서는 스톡을 붓고 오래 졸이는 과정을 통해 쌀이 스톡의 수분을 충분히 흡수할 수 있도록 긴 시간을 약한불에서 원하는 정도로 부드러워 질 때까지 조리해야 한다. 아르보리오는 다른 쌀과는 달리 독특한 풍미를 가지고 있으며 생산량이 많아 어디서든 판매되고 있어 구입이 용이하다. 또 이 쌀은 쌀 푸딩의 주원료로도 많이 사용된다.

아르보리오 쌀 이외에 리소토에 사용되는 대표적인 이탈리아 쌀은 알단테정도 식감의 유지가 가능하며 쉽게 퍼지지 않는 특징을 가지고 있는 카르날로리Carnaroli와 조리 시 쌀알이 조금 쉽게 부드러워지는 베네토 지역에서 생산되는 비아로네 나노Vialone Nano가 있다.

4) 피자

오늘날 세계 여러 나라에서 대중에게 가장 인기있으며 쉽게 접하는 음식 중 하나인 피자는 크게 미국식 피자와 이탈리아식 피자로 구분되고 있다. 우리나라에서는 두꺼운 도우에 여러 가지 재료들이 많이 올라가 있는 미국식 피자가 좀 더 대중적이며 선호도 또한 높다. 근래에는 이탈리아 전문 레스토랑들이 많이 생기면서 이탈리아 스타일의 다양한 피자를 예전보다 쉽게 접할 수 있게 되었다.

이탈리아식 피자는 도우가 얇고 크기가 크지 않은 편이며 얇은 도우에 토마토소스와 치즈 그리고 간단히 토핑 된 허브나 염지육만으로 맛의 조화와 재료의 고유의 맛을 충분히 느낄 수 있는 매력이

폼페이에서 발견된 오래된 피자 화덕

있다.

피자는 시대에 따라 지역마다 독특한 형태와 특성을 가지고 변화해 왔다. 현재와 가장 흡사한 형태의 피자는 나폴리에서 처음 만들어졌다. 이 지역의 사람들은 상상력이 풍부하여 식재료가 풍부하지 않은 가난한 시절에도 주위에서 얻을 수 있는 모든 식재료들을 이용하여 18세기경부터 그들만의 독특한 피자와 파스타들을 만들어 내곤 했다고 한다. 시간이 흐르면서 나폴리 사람들은 도우 위에 토마토소스를 두르고 다양한 치즈와 허브를 독창적으로 결합시켜 단순하지만 담백하고 영양적인 면으로도 훌륭한 피자를 탄생시키기에 이르렀다. 480℃ 정도의 장작 화덕에서 구워진 둥글고 얇은 나폴리피자는 쫄깃하면서도 부드러워서 손으로 들고 먹기 편한 특징이 있다.

2000년대에 들어 이탈리아 농무부는 나폴리피자의 크기지름 : 30cm 내외, 가운데부분 두께 : 0.3cm, 테두리 두께 : 2cm 이하를 규정하고, 다음 세 가지의 정통 나폴리피자를 발표하였다.

① 엑스트라 마르게리타Extra Margheritta : 캄파니아 모차렐라치즈, 바질, 토마토로 만든 피자
② 마르게리타Margheritta : 아펜니노 산맥 남쪽 모차렐라치즈, 바질, 토마토로 만든 피자
③ 마리나라Marinara : 마늘, 오레가노, 토마토로 만든 피자(치즈사용하지 않음)

5) 이탈리아요리의 정찬코스

❶ 아뻬르띠보Apertivo : 식전주

식사 시작 전에 입맛을 돋우거나 식욕을 자극하기 위해 마시는 알코올음료를 말한다. 주로 와인이나 샴페인이 제공된다. 근래에는 스탠딩 바의 형태를 띤 업장에서 주류와 아주 작은 크기의 음식을 간단하게 먹는 문화를 표현하기도 한다.

❷ 안티파스토Antipasto : 전채요리

식욕을 북돋기 위해 본 식사 이전에 나오는 애피타이저의 일종이다. 적은 양의 음식으로 염분함유량이 높거나 신맛을 가진 것이 제공된다.

❸ 쁘리모삐아토Primo Piatto : 첫 번째 접시

정찬 중 탄수화물 종류의 음식이 제공되는데, 보편적으로 나오는 음식은 스파게티를 포함하여

라쟈나, 리소토, 피자 등이 제공된다. 저녁식사에는 이때 수프를 곁들이기도 한다.

❹ 쎄콘도삐아토Secondo Piatto : 두 번째 접시

탄수화물을 제공한 후 다음으로 나오는 음식으로 단백질 종류의 음식이 제공되는데, 주로 생선이나 송아지, 양고기, 토끼고기, 조류 등을 이용해 만든 요리가 제공된다. 이때 곁들임 채소 콘토르니를 곁들이거나 샐러드류를 제공하기도 한다.

❺ 포르마지오Fromaggio : 치즈

다양한 치즈코스 또는 경질치즈를 튀겨서 만든 것이 제공된다.

❻ 돌치Dolci : 디저트

케이크나 디저트류 음식으로 생크림이 사용되지 않은 티라미수나 아이스크림 또는 생과일 등이 제공된다.

❼ 삐콜라 빠스티체리아Piccola Pasticcheria

보통 작은 크기의 과자 종류로 단맛의 과자가 제공된다.

❽ 리귀오레Liguore : 식후주

식후주로 그라빠 같은 알코올도수가 높은 술이 제공된다.

❾ 카페Caffe, Espresso

커피 또는 에스프레소

전통적 정찬이 아닌 보통의 이탈리아 레스토랑에서는 다음 4가지 코스로 구성되어 있다.

- Antipasti : 에피타이저에 해당
- Primi piatti : 첫 번째 요리에 해당(탄수화물류)
- Secondi Piatti : 두 번째 요리에 해당(단백질류)
- Doci–caffe : 디저트와 커피에 해당

2. 이탈리아요리의 양념

1) 오일

① Olive Oil올리브오일

올리브오일은 열전도율이 낮기 때문에 저온에서 긴 시간 조리해야 하는 구이Roasting 또는 양념이나 오일을 끼얹으며 발라서 굽는 베이스팅Basting에 많이 사용된다. 또 정제 과정을 거친 올리브유는 발연점이 높아 튀김Deep Frying에도 사용된다. 올리브오일의 지방산 구조가 높은 온도에서도 안정성을 유지하기 때문에 브라우닝, 스튜, 라구 등의 뜨거운 요리에도 사용된다. 또 그 맛이 깔끔하고 담백해서 샐러드에 직접 뿌려먹는 소스로도 사용된다. 파스타 요리에는 주로 엑스트라 버진 올리브오일을 사용하는데, 이 엑스트라 버진 올리브오일이 가지고 있는 특유의 담백한 향미와 농도감 등이 파스타를 더 부드럽고 맛있게 느끼게 해주며, 수분을 에멀전시켜 분리현상을 막는 역할을 한다.

*Extra Virgin Olive Oil엑스트라 버진 올리브오일 : 올리브 과육을 열이나 부가적인 혼합 없이 압착콜드프레스해서 얻은 첫 번째 오일로 맑고 옅은 녹황색이며 깊고 담백한 향미를 가지고 있어 다양한 요리에 사용된다. 혈압을 낮추는 불포화지방산인 올레산의 함량이 매우 높아 오일 자체를 소량씩 건강식으로 식용하기고 하고, 향미가 좋아 샐러드에 소스로 사용하기에도 좋다.

② Truffle Oil트러플 오일

엑스트라 버진 올리브오일 또는 품질이 좋은 식물성 오일에 송로버섯이나 그 추출액을 넣고 우려내어 만든 것이다. 값비싼 송로버섯을 대신하여 요리할 때 그 맛과 향을 요리에 첨가하기 위해 사용한다. 모든 계절에 사용이 가능하기 때문에 최근 주목받고 있으며 사용량도 늘고 있고 다양한 요리에 활용되고 있다.

③ Basil Oil바질 오일

올리브오일에 신선한 바질을 넣고, 일정기간 경과한 후 바질의 향이 충분히 오일에서 느껴질 때 요리에 사용한다.

2) 소금

소금은 가공과정을 거쳐 가는소금과 굵은소금으로 만들어지며, 이 형태의 소금을 요리에 따라 적합하게 선택하여 사용한다. 요리에 사용하기 편리하도록 가공한 소금은 염화나트륨이 99% 이상이며 응고방지 처리를 한 것이다. 현재 우리나라에서는 식용소금Tablesalt을 천일염, 정제염, 가공염의 세 가지로 크게 분류하며 그 품질규격이 규정되어 있으므로 소금을 상품화할 때는 그 규정에 적합하도록 만들어야 한다. 그 중 정제염 1급의 품질규격은 "NaCl 함유율이 99% 이상, 수분 0.3% 이하, 황산이온 0.4% 이하, 마그네슘 0.2% 이하, 칼슘 0.1% 이하"로 정해져 있다.

① Black Salt흑소금

고대 해저화산에서 분출한 용암열에 의해 바닷물의 염분이 융화되어 형성된 천연 유황염으로, 암벽에서 나는 무기질 덩어리이다. 이 소금은 원래 갈색 또는 검보라빛이지만 정제 과정을 거쳐 회색, 분홍색 등을 띠게 되었다. 높은 미네랄을 함유하고 있으며 짠맛이 강하다.

② Garlic Salt마늘소금

마늘가루나 마늘 추출액을 섞어 가공해서 마늘의 풍미가 나도록 만든 소금 = 이다.

③ Rock Salt암염

돌에서 얻는 소금을 말한다. 산출되는 장소에 따라 해염, 호염, 암염으로 나눌 수 있다. 암염은 유리광택을 가지고 있으며 대개는 무색투명한데, 가루가 되었을 때는 광택있는 흰빛조흔색, 條痕色을 띠고 있으며, 불순물을 포함할 때는 적·청·황색을 띠는 경우도 있다. 물에 녹기 쉬우며 짠맛이 난다.

④ Smoked Sea Salt훈제소금

훈연의 향을 입힌 소금으로, 향은 사용한 나무의 종류에 따라 달라지며 색과 결정의 크기, 모양 또한 만드는 방법에 의해 달라진다.

3) 식초

식초는 원래 요리에서 방부제의 역할로써 사용되고 활용되어 왔으며 근래에 들어 점점 방향성 조미료로도 가치가 인정되고 있는 추세이다. 포도를 주원료로 이용해 만든 포도식초는 허브와 다른 향신료들을 함께 사용했음에도 과일의 향미를 추가하거나 상승시킬 수 있도록 만들었다. 이는 로즈마리, 타라곤, 딜, 마늘, 고추, 후추, 레몬, 산딸기Raspberries, 장미꽃잎과 제비꽃을 함유했다. 요리사들은 다양한 식초들을 조리법마다 알맞은 종류로 선택할 줄 알아야 하며 조리 시 식초 사용량과 사용순서 등에 주의해야 한다. 일반적으로 식초의 선택은 조리법에 따라 달라진다.

① Balsamic Vinegar발사믹 식초

이탈리아 모데나 지방의 단맛이 강한 포도즙을 이용하여 여러 번 나무통에 옮겨 담아가며 5년 이상 숙성시킨 식초이며 숙성기간이 길수록 풍미가 좋은 특성이 있다. 요즘 시판되는 저가의 발사믹 식초는 포도즙을 가열하여 만드는데 포도즙을 졸일 때에 이미 초산발효가 시작되므로, 이때 계피와 감초 등 향을 낼 수 있는 것과 색을 내기 위해 캐러멜화 된 설탕을 추가한다. 필터를 이용하여 거른 후 병에 담으면 완성되며, 일주일 이상 지나야 식초로 사용할 수 있다.

② Champagne Vinegar샴페인 식초

샴페인을 사용해 발효시켜 만든 식초이다. 약간 시큼한 맛과 함께 약간 달고 산뜻한 맛을 가지고 있다.

③ Cider Vinegar사이더 식초

사과와 배를 사용해 만든 식초이며 다른 식초에 비해 발향이 강하지 않은 편이다.

④ Red Wine Vinegar레드와인 식초

레드와인 식초는 버건디, 진판델 또는 단순히 테이블와인 같은 가장 기본이 되는 어떤 레드와인으로도 만들 수 있다. 맛이 강하면서 달콤하기도 하며, 오크 숙성한 경우 독특하지만 아주 약한 훈연의 맛을 가지고 있다.

⑤ Spirit Vinegar알코올 식초

산도를 대략 10% 정도로 희석시킨 에틸알코올을 산화시켜 얻은 식초이다. 신속한 시스템으로 초산화 과정을 진행시켜야 하며, 모든 종류의 농산물로 생산이 가능하고 특유의 향이 없어 다양한 요리에 사용할 수 있다.

⑥ White Wine Vinegar화이트와인 식초

화이트와인 식초는 레드와인 식초보다 달고, 더 깨끗한 맛을 가지는 경향이 있으며, 신선한 채소와 잘 어울린다.

3. 이탈리아요리의 기본재료

1) 채소

Tomato(토마토)

뽀모도로는 가지과의 한해살이 식물로, 모양과 크기, 색상 등이 다른 수많은 품종이 있다. 장식용 식물이던 것을 개량 재배하여 파스타, 샐러드, 소스, 케첩, 퓌레, 수프, 스튜 등의 수많은 조리법에 활용하고 심지어 달콤함의 상징이던 디저트요리나 장아찌, 김치 등에도 사용한다. 비타민과 무기질이 풍부하며 라이코펜 외에도 항암물질을 다량 함유하고 있어 각종 성인병 예방 또는 치료 목적으로 식용한다. 일 년 내내 사용할 수 있는 품종들도 있으며, 일부 토마토 품종은 재배가 여름 한때로 제한적이다.

Garlic(마늘)

백합과 식물의 줄기로, 작게 형성된 비늘줄기들을 담황색의 얇은 껍질 같은 잎이 싸고 있다. 마늘의 강한 향은 비린 내나 잡내를 없애고 음식의 맛을 좋게 하여 식욕을 증진시키는 효과가 있으므로 마늘을 채소처럼 간단히 사용하지 않고 다른 재료들을 이용해서 만드는 거의 모든 음식에 양념으로 사용한다. 또 마늘에는 단백질, 각종 비타민, 칼슘, 철, 셀레늄, 알리신 등의 다양한 영양소가 함유되어 있어 원기를 보하고, 체내 유해물질을 해독하며, 면역력을 높이는 등의 효과가 있다고 알려져 있다.

Truffle(트러플[송로버섯])

트러플은 세계 3대 진미를 이야기할 때 푸아그라나 달팽이에 앞설 정도로 가장 먼저 거론되며 귀한 대접을 받고 있는 식재료이다. 그 강하면서도 독특한 향과 맛이 뛰어나며 소량으로도 음식에 풍미를 더할 수 있다. 그 중 가장 맛이 좋은 것은 프랑스 페리고르 지역의 블랙 트러플과 이탈리아 피에몬트 지역의 흰색 트러플이다. 프랑스의 Tuber Melanosporum은 겉과 속이 까맣고 견과류처럼 생겼는데, 특유의 향이 진하고 강해 오랜 시간 보관하거나 물에 끓여도 향기를 잃지 않아 수프, 소스, 오믈렛, 리소토 등에 주로 사용되고, 이탈리아의 Tuber Magnatum은 강하고 우아한 향과 담백하고 고소한 맛을 가지고 있어 생으로 아주 얇게 썰어서 파스타, 샐러드 또는 요리에 가니쉬로 주로 사용된다. 최근 들어서는 오일이나 꿀 등에 첨가하여 다양한 요리에 향미를 높이기 위해 사용한다.

Asparagus(아스파라거스)

백합과 다년생 식물인 아스파라거스는 원산지가 유럽으로 알려져 있지만 중동에서 유래되어 전파되었으며 중세 후반에 아랍에 의해 유럽에 널리 전파된 것이다. 이탈리아에서 아스파라거스는 매우 대중적으로 사용되는 채소류이다. 그린색은 로마냐 지역, 자주색은 나폴리, 흰색은 베네토 지역에서 주로생산되고 많이 사용되지만 일반적으로는 향과 영양가면에서 우수한 녹색을 선호한다. 일부 나라에서는 고급 채소로 분류되기도 한다. 아스파라긴과 아스파라긴산이 많고, 쌉쌀한 맛이 나는 것은 아스파라젠산이 함유되어 있기 때문이다. 습한 천으로 감싸 냉장온도에서 최대 3일정도 보관할 수 있으며, 잘못 보관하거나 오래되면 질겨진다.

아스파라거스는 생으로 또는 데치거나 볶아서 다양한 형태로 이용한다. 향은 마치 콩나물 같으며 달걀요리와 잘 어울린다. 초무침, 곁들임 채소나 수프, 볶음 등에 사용한다.

Olive(올리브)

올리브나무의 열매로 그린색이던 열매가 익으면서 붉은색, 검은색으로 변하는데 다 익은 다음에도 그린색을 유지하는 품종도 있다. 쌉쌀한 쓴맛은 가공과정에서 사라지고 특유의 풍미와 질감이 생성된다. 이탈리아와 지중해 지역의 음식에 다양하게 활용되며 이탈리아가 최대 생산지로 알려져 있다. 이탈리아 남부의 올리브는 고소하고 아티초크와 유사한 향이 나며 시실리아의 올리브는 견과류의 맛과 향이 있다.

Broccoli(브로콜리)

겨자과의 한해살이 식물로, 꽃양배추의 일종이며 Green Broccoli heading Broccoli와 Purple Hearting Broccoli 종류가 있다. 작은 꽃눈이 가지 끝에 촘촘히 나는데, 이 꽃눈이 적당히 자라 뭉치를 이루면 식용한다. 비타민 C, 베타카로틴 등이 많이 함유되어 있고, 항암작용이 뛰어나며 샐러드나 스튜, 수프에 많이 사용하고 기름에 살짝 볶아 곁들임 채소로도 사용한다.

String Beans(스트링 빈스)

풋콩일 때 꼬투리까지 수확하여 식용하는 콩으로, 프랑스에서는 Haricots Verts라고도 한다. 스트링 빈스는 다른 그린 빈에 비해 작고 가늘지만, 아삭하면서 부드러운 식감을 가지고 있어 살짝 찌거나 볶아서 샐러드나 메인요리에 곁들인다.

Paprika(파프리카)

가지과의 한해살이 식물로, 품종이나 생산지 등에 따라 모양과 색, 맛 등이 다른데, 이탈리아에는 1551년에 도입되었다. 전채요리, 샐러드, 소스나 피자의 토핑용 등으로 어디에나 이용되며, 과육이 두꺼워서 냉장고에 장시간 보관이 가능하다.

Artichoke(아티초크)

지중해가 원산지인 엉겅퀴과에 속하는 다년생 식물의 꽃봉오리이다. 현재는 유럽에서 겨울채소로, 이탈리아에서는 다양한 종류를 볼 수 있으며, 북아메리카에서 일 년 내내 재배되고 있다. 질감이 연하고 맛이 담백할 뿐만 아니라 소화가 잘되고 비타민 A, C, 칼슘, 철분, 이눌린 등을 많이 함유하고 있어 간장기능을 튼튼히 하고 신진대사를 원활히 하여 혈중 콜레스테롤 수치를 낮추는 데에 효과적이며 생으로 샐러드에 또는 삶아서 곁들임 채소로 사용하며 수프, 스튜 등에도 사용된다.

Egg Plant(가지)

원산지가 인도로 추정되는 가지과의 한해살이 식물로, 1미터 높이까지 자라며 6~9월에 꽃이 피고 열매가 맺힌다. 열매의 색과 형태는 품종에 따라 다른데, 자주색이 가장 흔하지만 진한 자주색에서부터 흰색까지 다양하고 광택이 나는 것이 특징이다. 열매는 주로 둥근 형태를 하고 있지만 길이나 크기가 제각각이다. 이탈리아 남부에서는 가지를 이용한 많은 요리를 선보이는데, 그 중 가지 퓌레, 파르미지아노 가지요리, 토마토를 이용한 가지요리는 먹지 않고는 견딜 수 없을 만큼 그 맛이 좋다고 알려져 있다.

Zucchini(돼지호박)/Squash(애호박)

이탈리아요리에 다양하게 이용하는 박과의 호박은 중앙아메리카 및 남아메리카가 원산지로, 하우스에서 촉성재배용으로 키워지며 돼지호박 또는 서양호박이라고도 부른다. 호박은 여러 종류와 품종이 있는데, 성숙 정도에 따라 애호박, 늙은호박으로 구분되어 불리며 굽거나 기름에 볶아서 사용하거나 반죽해서 튀겨먹기도 한다.

Fennel(휀넬)

이탈리아 토스카나지역에서 많이 생산되는 휀넬은, 지중해가 원산지인 미나리과의 다년생 식물로 회향이라고 부르며 씨, 잎, 줄기, 꽃을 모두 사용한다. 휀넬은 추위에 강하고, 당근과 비슷한 밝은 녹색의 가는 잎을 가지고 있으며, 긴 잎자루가 줄기를 둘러싸고 있고, 여름에 조그만 노란꽃이 핀다. 휀넬은 주로 육류요리나 생선요리 또는 부야베스(해산물 스튜), 샐러드를 만들 때 사용하고, 잘게 썰어 치즈를 넣은 소스에 첨가하기도 한다.

Radicchio(라디치오)

유럽이 주산지인 치커리의 일종으로 '이탈리안 치커리'라고도 한다. 양상추와 비슷한 형태이며 보랏빛 잎에 백색의 잎줄기가 있으며 비타민, 엽산, 칼륨, 안토시아닌 등이 풍부해 피로회복과 노화방지 효과가 있다.

Leek/Spring Onion(파)

유럽이 원산지인 백합과 식물로 고대 그리스시대부터 재배되었다고 전해진다. 서양 파는 대파와 외형이 비슷하지만 흰 줄기의 부분은 짧고 굵으며 연한 편이고, 녹색의 잎 부분은 속이 비어있지 않을 정도로 납작하면서 편평하며 주로 단맛이 강한 연한 흰 부분을 수프나 스튜, 육류요리, 생선요리 등에 사용한다.

Beet Root(비트)

유럽과 아프리카가 원산지인 명아주과의 식물로, 유럽 중세시대에 해안가에서 자라던 Betamaritima에서 유래된 것이다. 잎은 시금치, 근대와 매우 비슷하게 생겼으며, 뿌리는 둥글고 매끄러운 편이며 작지만 단단하다. 비트의 잎은 뿌리보다 영양분이 많아 샐러드나 쌈으로 이용하며, 즙을 내 사용하기도 한다. 뿌리는 붉은 색소인 베타시아닌이 많아 천연색소가 필요한 요리에 다양하게 이용한다.

Morel Mushroom(모렐버섯)

곰보버섯과의 그물 모양 식용버섯으로, 갓 모양이 고깔 모양이며 색은 짙은 황갈색 또는 갈색이다. 버섯 특유의 독특한 맛과 향은 크림을 곁들이면 더 진하게 느낄 수 있다.

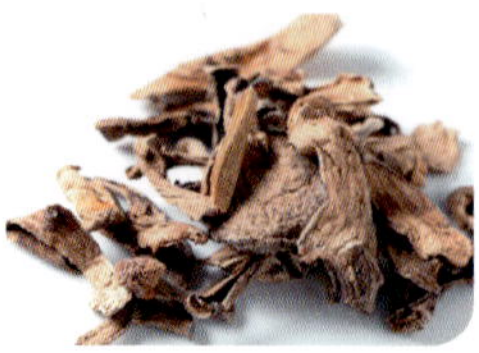

Porcini Mushroom(포르치니버섯)

포르치노 또는 세프라고도 불리는 야생식용버섯이다. 색은 구릿빛에서 옅은 갈색이나 진한 갈색까지 다양하며, 고기 같은 질감과 진한 숲속의 향을 가지고 있다.

2) 향신료와 허브

Basil(바질)

바질은 엷은 신맛을 가지고 있고 정향과 비슷한 달콤하면서도 강한 향기가 나서 잎을 뜯기만 해도 공기 중에 향이 진하게 퍼진다. 독특한 맛과 향기가 있어 닭고기, 생선, 어패류요리에 많이 사용되고, 토마토요리에 특히 잘 어울린다. 다양한 채소와 함께 샐러드에도 이용하고, 스파게티, 피자, 수프, 소스, 바질오일 등을 만들 때도 사용된다. 바질은 살균작용을 가지고 있으며, 비만과 노화, 구내염 등을 방지하고 소화불량, 두통, 신경과민을 해소하며 이뇨작용을 돕기도 하는 등의 효능이 있다고 알려져 있다.

Oregano(오레가노)

오레가노는 상쾌한 향과 쌉쌀한 매운맛을 가지고 있어서 멕시코요리, 오믈렛, 비프스튜, 이탈리아요리 등에 많이 사용된다. 특히 토마토와 잘 어울려 토마토를 넣은 이탈리아요리에는 빠지지 않고 사용된다. 그 대표적인 요리가 피자 나폴레타나이고, 그 외 토마토를 이용한 소스, 파스타, 육류요리, 생선요리, 샐러드, 주스 등에도 사용된다.

Arugula[Rucola](아루굴라[루꼴라])

고대 로마시대부터 지금까지 사용되고 있는 역사가 오래된 연한 질감의 녹색 채소로 잎에 조그만 실금을 가지고 있는 향채이다. 클레오파트라가 미모를 유지하기 위해 즐겨먹었다는 일화도 있다. 아루굴라의 꽃은 8~9월경에 피는데, 자색의 맥이 있는 백색이나 연한 노란빛이고, 잎은 부드럽고 은은한 독특한 향과 매운맛을 가진 짙은 녹색이다. 이 꽃과 잎을 모두 식용으로 사용한다. 꽃은 다른 채소들과 잘 어울려 샐러드에 넣어 먹거나 다른 요리에 가니쉬로도 사용한다. 독특한 맛과 향으로 인해 다양한 요리에 향신 채소로 사용되면서 요리에 풍미를 살려주기 때문에 서부이탈리아와 프랑스요리에 많이 사용된다. 특히 이탈리아에서는 빼놓을 수 없는 향신채소로 여겨진다. 주로 생으로 샐러드 등에 넣어 사용하고 단시간에 볶는 요리, 소스, 미네스트로니, 생선요리 등에 사용한다.

Bay Leaf(월계수잎)

향초의 일종인 월계수는 생잎 또는 건조한 상태로 쓰이는데, 생잎이든 마른 것이든 열기가 가해져야 월계수의 향미가 음식에 더 잘 밴다. 달콤한 향기와 쌉쌀한 맛을 가지고 있는 월계수는 특히 잡내 제거에 적합하여 생선과 고기의 마리네이드에 많이 이용하고, 육수, 소스, 수프 등을 만들 때 사용하여 좋은 향미를 낼 수 있게 한다. 또 이외에도 햄, 소시지, 피클, 카레가루, 과자 등의 가공식품이나 비누 등의 가공품을 만들 때도 사용한다. 건위, 항균, 구충효과가 있다고 알려져 있으며, 월계수잎은 고대 그리스시대에 승리와 명예의 절대적인 상징이었으므로 월계수의 잎으로 올림픽 챔피언들과 황제의 머리에 쓰는 월계관을 만들었던 것이다.

Chervil(처빌)

처빌은 프랑스요리에 많이 사용되는 파인허브(처빌, 차이브, 타라곤, 파슬리를 잘게 썰어서 동량으로 섞은 믹스허브)에 빠질 수 없는 재료 중 하나로 생선, 육류요리 등의 냄새를 없애고 향을 돋우는 중요한 재료이다. 신선한 처빌은 수프나 샐러드에 이용하고, 말린 처빌은 소스나 육류요리, 특히 양고기요리에 이용하는데, 향이 쉽게 날아가기 때문에 주로 요리의 마무리 단계에서 넣는다.

Dill(딜)

딜은 북유럽과 미국 등에서도 재배되는 미나리과의 일년생 향초이다. 노란우산을 펼쳐놓은 것 같은 꽃과 실같이 가는 녹색의 잎을 가지고 있는 식물로 잎, 줄기, 씨, 꽃을 사용한다. 딜이라고 부르게 된 것은 옛 스칸디나비아어의 '딜라'에서 비롯되었는데, 그 의미가 '진정시키다' 또는 '달래다'인 것으로 보아 이 식물에 진정효과가 있다는 것도 알 수 있다. 딜의 잎은 휀넬과 생김새가 유사하기 때문에 한눈에 구별하기 쉽지 않으나, 조금 찢어서 씹어보면 휀넬은 단맛이 나고, 딜은 단맛과 함께 매콤하면서 톡 쏘는 시큼한 풍미가 있다. 딜은 육류나 생선의 마리네이드, 소스, 수프, 해산물요리, 치즈, 샐러드, 독일식 김치, 푸딩, 감자요리, 양고기요리, 피클 등 다양하게 사용하는데, 주로 꽃은 샐러드요리의 곁들임에 이용하고, 잎은 마리네이드, 감자요리, 샐러드 등에 이용하며, 줄기는 소스, 수프 등의 풍미를 내는데 이용하고, 씨는 빵이나 과자를 구울 때, 카레파우더나 피클을 만드는 데에 이용한다.

Mint(민트)

민트는 매우 다양한 품종이 있지만, 주로 스피어민트와 애플민트를 요리에 사용한다. 스피어민트는 살짝 매콤한 맛이 있지만 특유의 알싸한 맛과 향, 청량감이 있어 민트소스, 민트젤리, 스터핑, 샐러드 등과 모로칸 민트티 등의 음료에 향미제로 사용된다. 애플민트는 사과와 박하를 섞어 놓은 듯 달콤함과 기분 좋은 순한 향을 가지고 있어서 채소요리, 생선요리, 달걀요리 등과 소스, 젤리, 식초, 아이스크림 등에도 사용된다.

Marjoram(마조람)

마조람은 달콤한 향과 맛을 가진 것과 쌉쌀하고 아린 쓴맛을 가진 것이 있는데, 달콤한 마조람을 고대 그리스에서는 '아마라쿠스'라 했다. 마조람은 산화를 방지하는 효과가 있어 고대 그리스에서 정향, 아니스, 커민, 시나몬 등과 함께 미라를 만드는 재료로도 쓰였다고 한다. 고대 로마시대 때부터 육류요리의 소스를 만들 때 마조람을 넣었고, 중세시대 때부터는 샐러드에도 널리 이용했다. 요즘은 소스와 샐러드뿐만 아니라 소시지, 햄, 치즈, 스튜, 파이, 육류, 생선, 해산물, 달팽이, 간, 채소 등을 사용한 대부분의 요리에 광범위하게 사용된다.

Parsley(파슬리)

파슬리에는 비타민 A와 C, 칼슘과 철분, 마그네슘 등이 풍부하고 살균, 소염작용을 하는 엽록소도 다량 함유되어 있다. 파슬리 중 최상품으로 여겨지며 요리에 주로 사용되는 품종은 잎에 구불거리는 컬이 있는 컬리파슬리이다. 이 파슬리가 가지고 있는 휘발성의 진한 향미는 잡내를 제거하기 때문에 육류나 생선을 이용하는 요리에 사용한다. 스톡, 수프, 소스를 만들 때는 색이 탁해지는 것과 향이 강해지는 것을 방지하기 위해 잎을 제거하고 줄기만 넣어 은은한 풍미가 생기도록 한다. 샐러드나 채소요리에 가니쉬 등으로도 사용한다.

Rosemary(로즈메리)

로즈마리는 신선한 숲을 생각나게 하는 강한 향이 있기 때문에 풍미를 더하기 위한 요리에 작은 가지를 통째로 넣어 사용하기도 하지만 맛과 향이 강하기 때문에 주의를 해야 한다. 토마토를 많이 사용하는 이탈리아요리와 달걀을 주재료로 한 요리에 많이 사용하며, 스튜나 수프, 소스, 생선요리, 육류요리, 소시지, 비스킷, 잼 등에 광범위하게 이용하고, 스터핑(속을 다른 재료로 채우는)요리에 세이지와 함께 소량 넣으면 함께 사용한 육류나 채소, 치즈 등의 식재료 맛을 한층 상승시킨다.

Sage(세이지)

코몬세이지와 가든세이지, 샐비아라는 이름으로 혼용되어 불리지만 꽃이나 잎의 색, 모양 등에 따라 세분화되어 불리는 각각의 이름들이 있다. 로즈마리처럼 매우 강한 향과 맛을 가진 향신료에 속하는 세이지는 잎 부분을 조리용이나 약용으로 사용하는데, 풍미가 강하고 씁쓸한 맛이 진하므로 소량씩 사용해야 한다. 자극적인 향과 맛이 느끼함을 덜어주기 때문에 주로 지방이 많은 육류요리나 기름기가 많은 튀김요리에 사용한다.

Tarragon(타라곤)

요즘은 타라곤의 달콤한 향과 약간 매콤하면서 쌉쌀한 맛을 일품으로 인정하는 추세이며, 미식을 즐기는 프랑스요리에서도 향신료의 여왕이라 칭송하며 중요한 재료로 사용하고 있다. 유럽에서는 오래 전부터 머리, 심장, 간 등을 튼튼하게 한다고 여기며 상류층에서만 쓰는 귀한 약초로 사용되었다. 타라곤을 애피타이저에 사용하면 입맛과 원기를 돋우고 소화를 촉진하는 역할을 하고, 타라곤을 식초에 담가 수주일간 숙성시킨 타라곤 식초는 소스나 드레싱을 만들 때 사용하면 그 맛이 매우 좋다. 타라곤은 육류요리, 달걀요리, 샐러드, 소스나 수프 등에 사용되며 식초, 버터, 오일, 피클 등을 만들 때도 사용한다.

Thyme(타임)

타임은 채소, 육류, 어패류, 달걀 등 어느 재료와도 잘 어울리며, 수프, 스튜, 소스, 샐러드 등을 만들 때 사용하면 요리의 풍미를 상승시키고, 방부 및 살균효과가 있어 햄, 소시지, 치즈, 토마토케첩, 피클 등의 저장식품을 만들 때 사용하면 보존제 역할을 한다. 또 타임은 옛날부터 차로 만들어 마셨는데, 이는 두통, 우울증 같은 신경질환이나 빈혈, 피로 등에 효과가 있을 뿐만 아니라 위장기능을 강화시켜 소화를 돕고 식욕을 증진시킨다고 한다.

Nutmeg(너트맥)

인도네시아 몰루카섬이 원산지인 육두구나무열매의 씨를 말린 것으로, 짙은 갈색을 띠며 인도네시아 몰루카섬이 원산지인 육두구나무 열매의 씨를 말린 것으로, 짙은 갈색을 띠며 모양은 긴 타원형이고 달고 자극적인 향과 쌉쌀한 맛이 난다. 향과 맛을 최대한 살리기 위해 통째로 보관하다가 사용하기 직전에 분말로 갈아서 육가공품, 육류, 생선요리 등에 냄새를 없애는 데에 사용하고 소스, 빵, 과자, 푸딩, 젤리, 파이, 디저트 등을 만들 때도 사용한다. 굵은 분말로 갈아서 핫 위스키, 에그노그, 알렉산더 등에 뿌려서 그 향을 즐기기도 했다.

Chive(차이브)

파의 일종으로 키가 작고 짙은 녹색의 매우 가는 잎을 가지고 있으며, 보랏빛의 둥근 꽃이 핀다. 비타민 C와 철분이 풍부하며, 천연방부제 효능을 가지고 있고, 꽃과 잎 모두 독특한 알싸한 향을 가지고 있어 육류나 생선요리, 수프, 샐러드 등 각종 요리에 사용된다.

Belgium Endive(벨지움 엔다이브)

이집트에서 유래된 쓴맛을 가진 잎채소로, 치콘이라고 부르기도 하는 벨기에의 대표적인 샐러드 채소이다. 생김새는 배추 속처럼 타원형에 끝이 뾰족하고, 색은 품종에 따라 다른데 흰색 잎 끝부분에 연한 노란빛이나 자줏빛을 띠고 있다. 주로 샐러드나 쌈으로 이용하지만 익혀 먹어도 맛이 좋아 볶음요리에 사용하기도 한다.

Brussels Sprouts(브루셀 스프라우트)

벨기에가 원산지인 십자화과 미니양배추로 오래 전부터 벨기에에서 재배되어왔기 때문에 이름에 벨기에 수도 브뤼셀이 붙여졌고, '방울다다기양배추'라고 부른다. 브루셀 스프라우트는 쪄서 발사믹식초나 치즈를 뿌려 내기도 하고, 찌거나 끓는물에 데친 후 버터에 볶아 크림이나 치즈소스를 곁들이기도 하며, 스튜를 만들 때 넣기도 한다.

Chicory(치커리)

유럽이 원산지인 국화과의 다년생 식물로, 치커리와 앤다이브 등 명칭이 혼용되어 사용되고 있는데, 쌉쌀한 쓴맛과 아삭하면서 부드러운 식감은 식욕을 돋우며, 쓴맛의 인티빈 성분은 소화를 촉진한다. 카로틴과 비타민, 철분, 칼륨이 풍부하며 생으로 쌈이나 샐러드로 이용하고, 살짝 삶거나 굽기도 하며 뿌리는 건조시키거나 볶아서 차로 마시기도 한다.

Dandelion(단델리온)

유럽이 원산지이며 국화과의 다년생풀인 서양민들레이다. 야생 목초지의 식물로 밝은 노란색의 꽃이 피며, 줄기는 없고 잎이 뿌리에서 뭉쳐나며 옆으로 퍼진다. 잎, 꽃, 뿌리까지 식용으로 사용한다.

Green Vitamin(그린 비타민)

다채 혹은 비타민채라고 불리는 십자화과 녹황색 채소의 어린잎이다. 각종 비타민, 카로틴, 철분과 칼슘이 풍부하며 주로 샐러드, 가니쉬로 사용한다.

Lolla Rossa(롤라로사)

고운적색의 이탈리아상추를 롤라로사라고 한다. 국화과에 속하는 식물로 밝은 적갈색이나 붉은빛을 띠며 곱슬곱슬한 모양을 하고 있다. 주로 샐러드로 사용되며, 우리나라에서는 쌈, 겉절이나 무침 등으로도 사용한다.

Romaine Lettuce(로메인 양상추)

아삭거리는 상추를 의미하는 프랑스어 'Laitue Romaine'과 이탈리아어의 'Lattuga Romana'를 따서 로메인 상추라 부르며, 다른 상추에 비해 길고 빳빳하며, 쌉쌀한 맛이 적고 아삭하면서 감칠맛이 있다. 시저 샐러드의 주재료이며 쌈, 볶음요리에 이용한다.

Sorrel(쏘렐[수영])

산도가 높아 고기를 부드럽게 해주는 역할을 하므로 양, 소고기요리, 특히 조림요리에 사용한다. 신선한 잎을 병에 넣고 와인식초를 부어 소렐식초를 만들어 놓으면 샐러드드레싱으로 사용할 수 있다. 잎은 주로 샐러드, 수프 등에 사용하고, 신맛을 낼 요리에 오렌지나 레몬대용으로도 사용한다.

Watercress(크레송)

크레송의 영어 이름은 '워터크레스'지만 프랑스 이름인 '크레송'으로 더 많이 알려져 있다. 유럽이 원산지인 다년생 풀로 깨끗한 물에서 자라는 서양냉이의 잎이다. 식용으로 사용하기 위해 밭에서 재배하기도 하고 칼슘, 인, 철분 등의 무기질이 많이 함유되어 있으며 향이 매콤한 것이 특징이다. 신선한 잎을 샐러드, 가니쉬, 육류, 생선, 해산물요리, 수프 등에 사용한다.

Shallot(샬롯)

샬롯은 양파의 한 품종으로, 양파와는 달리 은은한 향을 가지고 있고 하나 이상의 작고 긴 비늘줄기로 형성되는데, 양파보다는 마늘과 비슷한 형태로 아래쪽에서 무리지어 나온다. 잎은 속이 비고 길쭉한 모양이 잎파와 흡사하며 쓰임새도 같다. 양파와 마늘의 중간정도 맛을 가졌다고 평가되는 샬롯은 주로 요리에 향신료로 사용되며 소스를 만들 때 많이 사용된다.

Radish(적무, 레디쉬)

유럽이 원산지 식물로 무의 일종이다. 작은 무처럼 생겼지만 겉면은 적색, 자주색을 띠지만 속은 흰색으로 주로 샐러드나 장식용으로 사용된다.

Saffron(샤프란)

하나의 꽃에서 1개의 암술대만을 손으로 채취하기 때문에 값비싼 향신료로 알려져 있으며, 요리에 천연 노란색을 내는 향신료로 사용된다.

Baby carrot(꼬마당근)

당근보다 작은 크기로 옹이가 있거나 비틀린 모양을 하고 있으며 근래에는 자주색, 노란색 등도 재배되고 있는 추세이며 샐러드나 장식용으로도 사용된다.

Edible flowers(식용꽃)

식용으로 사용할 수 있는 꽃으로 소국화, 소장미, 한련화, 진달래, 민들레 등이 있으며 주로 음식의 장식용으로 사용된다.

3) 치즈

치즈가 언제 어디서 처음으로 만들어졌는지는 정확히 알 수는 없지만 아주 오래전부터 양, 소, 염소 등의 젖을 이용해 만들어 사용했다. 고대 로마인은 씨앗이나 향신료를 치즈 만들 때 첨가했으며, 중세시대에는 수도사들에 의해 다양한 종류의 치즈가 개발되었는데 부족한 단백질의 보충을 위해서였다. 로마시대이후에는 이탈리아 요리에서 중요한 역할을 하는 기본재료가 되었다.

치즈는 생산된 각 지방에 따라 특성이 다르고, 각 지방의 특화된 방식으로 제조되는데 그 특성은 사용된 젖과 기후, 발효방식, 첨가물 등에 따라 결정된다. 이탈리아의 고르곤졸라, 파르미자노 레자노와 같은 특정상표를 가진 치즈는 엄격한 품질관리 하에 특정지역에서만 생산된 치즈에만 붙일 수 있도록 법으로 규정하였으며, D.O.P와 S.T.G를 붙여 원산지와 전통성을 표기하여 보호하고 있다.

Reggiano, Parmesan(파르미자노 레자노, 파르메산)

이탈리아 북부 에밀리아-로마냐주의 파르마지역이 원산지인 매우 단단한 치즈이다. 치즈를 만들기 위해서는 전날 저녁에 착유하여 하룻밤의 안정기를 거친 후 표면에 생긴 크림층을 제거하고 당일 오전에 착유한 우유와 혼합하여 가열한 다음 발효제(박테리아가 풍부한 자연발효 효모 유장과 송아지렌넷)를 넣어 응고시킨 후 압착하여 적어도 1년 이상 숙성시킨다. 이 치즈도 Grana Padano처럼 겉은 두껍고 어두운 갈색빛을 띠고, 속은 연한 황금색이며 먹을 때 가끔씩 아미노산 결정이 씹힌다. 치즈의 진하고 부드러운 감칠맛은 어떤 요리나 어떤 와인과도 잘 어울려 이탈리아에서는 이 치즈를 치즈의 왕으로 꼽으며 제한된 지역에서 엄격한 통제 하에 만든다. 이탈리아에서는 짧게 숙성시킨 것을 잘라서 테이블 치즈로 사용하고, 오랜 시간 숙성시켜 단단하고 진한 풍미를 지닌 것을 분말로 만들어 다양한 요리에 사용한다. 우리가 흔히 피자나 스파게티에 뿌려 먹는 파르메산 치즈가루는 거의 대부분이 가공품으로 유통된다.

Grana Padano(그라나 파다노)

이탈리아 파다나 평야지역에서 키운 소의 젖을 가열 · 압착하여 지방을 반으로 줄이고 만든 단단한 치즈이다. 서기 1000년경에 키아라발레수도원 수사들이 버려져 있던 평원을 개간하여 농사를 짓고 소를 키우기 시작하면서 우유가 풍부해져 여분의 우유를 오래 보존하기 위해 만들었다고 한다. 지방함량을 줄이기 위해 크림을 일부 제거하는 과정과 커드를 잘게 잘라서 뜨거운 물에서 탄력이 생기도록 휘저어 주는 과정들로 인해 알갱이처럼 씹히는 속살이 만들어졌다. 겉은 두껍고 어두운 갈색빛을 띠며 속은 연한 황색이고 우아한 풍미를 가지고 있다. 분말로 만들어 스파게티, 그라탱, 샐러드 등에 사용하기도 하고 얇게 썰어서 디저트로 사용한다.

Pecorino Romano(페코리노 로마노)

이탈리아의 사르데냐 지방과 라치오 지방 등에서 양젖을 가열하거나 또는 가열하지 않고 응고시킨 뒤 압착하여 오랜 시간 숙성시켜 만드는 단단한 치즈이다. 페코리노 로마노는 기원전 고대 로마까지 거슬러 올라가는 역사를 지닌 치즈로 이탈리아 치즈 중 가장 오래된 것이다. 고대 로마시대에 맛이 뛰어나 황제의 만찬에 오르던 고급 안주였고, 장기간 보관이 가능하고 열량이 높지만 소화가 잘되어 로마 보병군단의 필수 휴대식량이기도 했다. 위 · 아래가 편평한 원통형으로 사이드가 약간 볼록하게 나와 있는 형태를 하고 있는 이 치즈는 전체적으로 흰색에 가까운 미색이며, 표면에 오일로 보호막이 입혀져 있고, 부서지기 쉬운 속살에는 거친 아미노산 알갱이가 있으며, 짠맛이 약간 강하고 진한 풍미가 있다. 분말치즈, 와인안주 등으로 사용한다.

Mozzarella(모차렐라)

이탈리아 캄파니아 지역에서 물소 젖 또는 우유로 만든 치즈로 레귤러 모차렐라라고도 부른다. 주로 피자에 넣는 치즈를 말하며 흔히 '피자치즈'라고 많이 부른다. Buffalo Mozzarella보다 건조하고 탄력이 있으며 샐러드, 샌드위치, 피자, 라자니아 등에 사용한다.

Ricotta(리코타)

소젖 또는 양젖에서 추출한 유장(훼이; 단백질과 지방을 빼고 남은 액체)으로 만든 이탈리아산 연질치즈로, 지방함량이 낮고 수분함량이 높은 치즈이다. 이탈리아어로 코타는 '익힌'이라는 뜻인데, 우유를 데워 모아진 유청에 우유나 크림을 넣고 다시 열을 가해 만들었기 때문에 Ricotta라 불리는 것이다. 리코타 치즈는 바스켓에서 배수시켜 만들기 때문에 치즈에 바스켓 자국이 남아 있는 것이 특징이다.

Mascarpone(마스카르포네)

이탈리아의 롬바르디아 지역에서 생산되기 시작한 것이 쓰임새가 다양하고 맛이 좋아 유명해지면서 지금은 유럽 전 지역에서 생산되고 있다. 우유에서 추출한 생크림을 80℃ 정도에서 십여 분 가열한 후 산성 성분을 첨가해서 응고시킨 것(커드)을 차갑게 식혀서 만든 마스카르포네 치즈는 껍질이 없고 입자의 밀도가 높은 부드러운 크림타입으로 짠맛이나 치즈 특유의 냄새가 나지 않는 특성을 가지고 있다. 단순히 응고된 크림 같아 보이기도 하지만 신선한 우유에서 분리한 생크림을 사용해서 만들기 때문에, 지방함량이 높고 부드러운 질감을 가진 크림향이 나는 대표적인 크림형의 치즈라 할 수 있다. 디저트류와 티라미스 등을 만들 때 사용하는 원료이며, 빵이나 비스킷 등에 발라먹는 크림처럼 과일이나 샐러드 등에 곁들이기도 하는 등 다양하게 사용할 수 있는 치즈이다.

Bel Paese(벨 파에제)

우유를 가열하지 않고 27℃ 정도에서 압착하여 얻은 커드를 숙성시킨 것이다. 겉은 구둑구둑한 외피로 싸여 있고, 속은 결이 고운 크림형태의 부드럽고 연한 이탈리아산 치즈로, 45~50%의 지방함량을 가진다. 세계 여러 나라에서 인기 있는 치즈이며 뷔페, 스낵, 샌드위치, 디저트, 요리용 등으로 사용된다.

Bosina Robiola(보시나 로비올라)

방목하여 기른 소나 염소, 양의 젖으로 만드는 지방함량 52% 정도인 촉촉하고 부드러운 이탈리아산 치즈이다. 맛이나 색, 형태는 만드는 지역에 따라 다양하며, 야생허브를 넣어 톡 쏘는 독특한 맛을 가진 치즈를 만들기도 한다. 피에몬테에서 생산되는 것이 최상품이며, 퐁듀, 피자 샌드위치, 디저트 등에 사용된다.

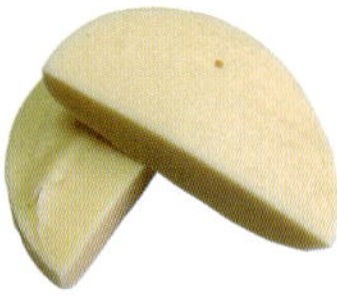

Caciocavallo(카치오카발로)

이탈리아 시칠리아지역에서 방목한 우유로 만드는 'Drawn Curd(커드를 쉽게 모양 잡기 위해 뜨거운 물로 부드럽게 하는 것)' 치즈의 일종이다. 부드러운 단맛과 매콤함을 가진 치즈로 주로 조롱박 모양으로 만들며, 덜 숙성시킨 치즈는 간식이나 디저트로 사용하고 오래 숙성시킨 치즈는 갈아서 조리용으로 사용한다. 카발로는 말Horse를 의미하는 단어이며 말 안장에 달아 숙성시켜 표주박 모양으로 형성되었다.

Provolone(프로볼로네)

가열하지 않고 압착하여 숙성시킨 이탈리아 남부 캄파니아지방의 치즈로, 공을 뜻하는 캄파니아 방언에서 이름이 유래되었다. 자연적인 산화발효를 거친 소젖이나 버팔로 젖에 송아지나 새끼염소, 어린 양에서 취한 렌넷을 넣어 응고시켜 커드를 만들고, 그 커드를 모차렐라처럼 손으로 직접 늘리거나 일정한 틀을 사용해 늘려가며 모양을 만든 후 소금물에 담가두었다가 꺼내서 수분을 제거하고 끈으로 묶어서 높은 곳에 매달아 숙성시켜 만들었던 치즈이다. 지금은 기본적인 방법은 같지만 기계화된 부분이 많아 보다 간편하게 만들 수 있게 되었다. 탄력이 있는 상아빛 Provolone 치즈는 전통적으로 소시지 형태로 만들지만, 무게에 따라 다양한 모양으로 만들어지기도 하고 간혹 훈제를 하기도 한다. 주로 Cannelloni, Ravioli 등을 만들 때 사용된다.

Fontina(폰티나)

우유로 만든 이탈리아 피에몬떼 지역의 치즈이다. 연한 견과류향이 나며, 약간 훈연의 맛이 있고 Fonduta(이탈리아 스타일의 스위스 '퐁듀')에 많이 이용된다. 커다랗고 납작한 바퀴 형태로 만들어진다.

Gorgonzola(고르곤졸라)

소의 전유를 저온살균 하여 만든 유명한 이탈리아 블루치즈이다. 전체적으로 진한 크림색을 띠지만 표면과 안쪽 모두에 녹색빛이 나는 무늬를 가지고 있으며, 지방함량이 높아 질감이 매우 부드럽다. 밀라노 동쪽 고르곤졸라 지방에서 주로 큰 수레바퀴 모양으로 만들어져 호일에 포장되는 고르곤졸라는 세계적으로 우수한 치즈로 손꼽히는 것 중 하나이며, 로그포르나 스틸턴과 유사하지만, 그보다 크림 함유량이 많아 부드럽고, 푸른색보다는 녹색에 가까운 무늬와 결이 있으며, 강한 향이 있긴 하지만 자극적이기보다는 은은하고 감칠맛이 나는 치즈이다. 숙성 정도에 따라 비안코, 돌체, 피칸테로 나뉜다. 20세기 초부터 여러 나라에서 인기를 끌었는데, 이는 푸른곰팡이 치즈지만 곰팡이가 많지 않아 톡 쏘는 맛이 덜하고, 염분을 많이 포함하고 있지 않아 덜 짜며, 감촉이 크림처럼 좋기 때문이다. 디저트, 소스, 샐러드, 파스타, 리소토 등 각종 요리의 맛을 돋우는데 사용하며 레드와인과 잘 어울려 안주로 이용하기도 한다.

4) 살라미, 소시지

살라미는 이탈리아의 소시지로 소금, 향료 및 향신채 등을 가미해 열을 가하지 않고 고기의 형태를 변화시켜 보존성을 높이기 위해 개발된 것이다. 다양한 육류를 각 부위별로 나누어 만드는데 주로 돼지고기를 많이 이용한다.

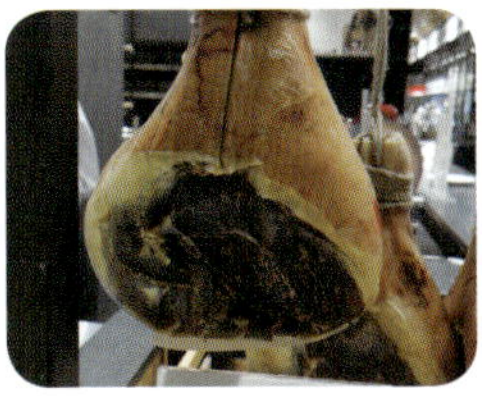

Prosciutto(프로슈토)

돼지 뒷다리의 뼈를 빼고 염장처리한 후에, 초산칼륨을 넣고 여러 향신채와 향신료를 넣어 수증기나 훈제 등으로 익히거나 익히지 않고 숙성시켜 생산한다. 프로슈토는 만드는 과정에 따라 염장 처리한 사라지오네, 훈제 처리한 아푸미까투라, 익히지 않고 숙성시킨 생햄 크루도, 익혀서 숙성시킨 꼬또로 나눌 수 있다.

Bresaola(브레사올라)

이탈리아 롬바르디아에서 생산되는 햄의 일종이다. 익히지 않은 날소고기 덩어리를 나무나 쇠로 만든 통에 교차시켜 담으며 염장한 후 꺼내어 양념하여 4℃가 넘지 않는 서늘하고 공기가 잘 통하는 곳에 매달아 약 3개월간의 숙성, 건조과정을 통해 만든다.

Coppa(코파)

뼈있는 목심이나 갈빗대 부위의 돼지고기를 손질한 후 염장하고 레드와인이나 마늘 등에 절인 후, 고도 900미터 이하의 지역에서 건조 숙성시켜 만든다.

Soppressa(소프레싸)

이탈리아의 베네토지방에서 유래된 건조 살라미의 한 종류이다. 숙성 과정에서 표면에 자연적으로 얇게 곰팡이가 생긴다. 청결하게 살살 털어서 제거하고 먹으면 된다.

Pancetta(판체타)

이탈리아의 전 지방에서 생산되고 있지만, 파아첸자, 칼라브리아, 토스카나 지방에서 많이 생산된다. 돼지 뱃살부위를 절이고 양념하여 전통식의 돌돌 말아 만든 이탈리아식의 베이컨이다. 돌돌 말은 형태의 판체타를 만들기가 쉽지 않아 펼쳐진 상태로 만들기도 한다. 판체타는 우선 8일에서 15일정도 3~5℃, 70~80%의 습도가 유지되는 곳에서 일차 숙성 후 불필요한 부분을 스크래핑을 하고 살코기를 더 첨가한 후 돌돌 말아 묶어 숙성시킨다.

Mortadella(모타델라)

볼로냐의 크고 단조로운 소시지로 돼지고기, 소고기, 마늘로 만들며, 때때로 고수씨앗으로 향을 더한다. 재료는 각각 다르지만 주로 돼지고기, 마늘, 향신료를 넣어 만든다. 종종 피스타치오를 넣어 만들기도 하는데, 바로 먹을 수 있도록 얇게 슬라이스한다.

Sopressata(소프레세타)

이탈리아의 건조 살라미이다. 건조시키는 기간은 3~12주정도 소요되는 이탈리아 염장 햄의 일종이며 우리나라의 돼지고기 편육과 비슷하다.

5) 달걀

미국이나 유럽의 여러 나라에서는 달걀의 크기와 품질에 따라 등급이 나뉘지만, 현재 우리나라는 품질부분에 있어 그 기준이 명확하게 정해져 있지 않으며 단순히 중량에 따른 분류만 하고 있다. 그러므로 달걀을 깨서 흰자의 퍼짐 정도와 투명도, 점성도 그리고 노른자의 위치와 높이 등을 눈으로 확인하여 달걀의 품질이나 신선도를 확인하고 사용해야 한다.

파스타 반죽을 만들 때 달걀을 첨가하면 색, 맛, 윤기 등이 상승되고, 흰자의 점성에 의해 탄력성이 생성된다. 하지만 신선도가 좋지않은 달걀을 사용하게 되면 양질의 파스타반죽을 만들기 어렵기 때문에 맛있는 파스타를 완성할 수 없으므로 이런 경우에는 시판용 파스타면을 사용하여 요리를 완성하는 것이 완성된 요리의 맛과 질면에서 합리적이고 현명한 선택일 것이다.

전통적으로 이탈리아에서는 흰자와 노른자를 분리하지 않고 반죽을 만들 때 모두 첨가하였다. 현재는 만들고자 하는 파스타의 특성이나 사용되는 소스와의 조화 등을 고려하여 반죽에 노른자만 사용하기도 하고 흰자만 사용하기도 한다.

6) 밀

석기시대 이후부터 경작이 이루어졌다고 알려진 밀Wheat은 주로 온대지역의 밭에서 재배되는 한해살이풀Annual Grass이며, 소맥이라고도 불린다. 1개의 종실을 가지고 있는 단순염색체의 외알밀Einkorn Wheat이 지중해를 중심으로 에머밀Emmer, 파로밀Farro, 듀럼밀Durum 등으로 발전하였다.

제분기(폼페이)

Durum and Semolina듀럼과 세몰리나

기원전 7000년 전부터 유럽 여러 곳의 중요 자원으로 활용되어진 곡물인 듀럼밀은 고온의 지중해성 기후와 가뭄 등에도 강한 특성이 있어 햇빛이 강하고 건조한 곳인 이탈리아 남부지방에서도 잘 자란다. 보통 밀을 도정하면 흰색을 띤 고운 가루를 얻지만, 듀럼밀은 다른 밀들에 비해 알곡의 크기가 크고 단단하며 카로티노이드 색소가 다량 함유되어 있어 도정하여 제분하면 연한 호박색의 모래알 같은 형태의 가루가 되는데, 이것을 세몰리나라고 부르기도 한다. 사실 엄밀히 말해 세몰리나는 듀럼밀의 배유부위에 해당하며 듀럼밀에서 채취해 가공된 입자가 거친 옅은 노란 빛을 띠는 가루이다. 다른 밀들에 비해 단백질의 함량이 높은 듀럼밀은 접착력이 강한 글루텐 단백질이 많아 파스타를 만들기에 적합하며, 높은 탄력성이 파스타의 끈기 있는 독특한 질감을 형성시켜 주고, 다양한 모양으로 만들기 용이하다. 세몰리나 역시 단백질 함량이 높은 특성이 있고, 회분함량이 많은 것이 특징이며, 듀럼밀보다 약간 부드럽고 미세한 견과류의 향미가 난다. 주로 파스타의 주원료로 사용되고 마카로니 등을 만들기도 한다.

세몰리나

밀가루

듀럼밀

Pasta al Dente

'Al Dente'는 'To the Tooth'로 치아에 닿아 느껴지는 정도의 의미로 쓰이는 이탈리아어 표현이다. 제1차 세계대전이 끝날 때까지도 이탈리아어 Al Dente로 명명되지 않았었다.

19세기경 이탈리아사람들에게 가장 선호도가 높았던 단단한 식감의 파스타가 전 세계의 파스타를 좋아하는 사람들에게 점차 퍼지게 되었다. 알단테는 건조 파스타를 삶아서 건져냈을 때 겉부분은 익고 속은 조금 덜 익힌 정도로 파스타의 중심부가 약간 덜 익어 씹었을 때 미세한 단단한 식감이 살아있도록 삶은 상태를 의미한다. 이탈리아사람들은 푹 퍼진 식감을 싫어하는 경향이 있으며, 약간 씹는 식감이 살아있는 것을 좋아하기 때문에, 파스타뿐만 아니라 리소토를 만들어 낼 때도 쌀알이 퍼지지 않고 씹히는 느낌이 약간 있도록 익힌다. 파스타를 알단테로 삶는 것은 정통 이탈리아요리의 기본으로 인식되었다. 그러나 여전히 일부 우리나라 사람들은 면이 익지 않았다고 거부감을 가지므로 면의 익힘 정도를 선택할 수 있도록 메뉴판에 안내하는 경우도 있다.

7) 건조파스타Pasta Secco

건 파스타는 듀럼밀을 거칠게 갈아 만든 세몰리나에 물을 넣어 반죽한 후, 원하는 모양으로 만들어 건조시킨 것이다. 우리가 흔히 접하는 친숙한 스파게티, 마카로니, 푸실리 등이 건면파스타에 속한다.

모양 있는 파스타Pasta-come le Figure

파스타는 모양, 크기, 만드는 재료 등이 다른 수없이 많은 종류가 있다. 모양이 있는 파스타는 다양한 크기와 형태들로 만든 후 모양이 변하지 않도록 건조시키며 대부분 걸쭉한 소스를 사용해 조리한다. 이는 소스와 면이 진득하게 다른 재료들과 잘 버무려져야 하기 때문이다.

Caserecci(카세레치)

느슨하게 꼬아 둥글게 말린 파스타로, 양쪽 끝부분이 반대편 방향으로 말려 있으며, 길이는 약 5cm 정도이다. 8~10분정도 삶는다.

Conchiglie(콘킬리에)

줄이 가늘게 있고 볼록한 것이 소라고둥과 비슷한 모양이며, 크기가 다양하다. 10~12분정도 삶는다.

Diamanti(다이아만티)

가늘고 길쭉한 다이아몬드 모양으로 만든 파스타이다. 8~10분정도 삶는다.

Farfalle(파르팔레)

나비 모양의 파스타로, 양쪽 끝이 뾰족뾰족하며 다양한 크기로 만들어진다. 8~10분정도 삶는다.

Fiochetti(피치티)

나선형 모양으로 느슨하게 비틀어 만든 파스타이다. 11~14분정도 삶는다.

Fusilli(푸실리)

비틀어서 모양을 낸 파스타로, 촘촘한 스프링 모양을 하고 있다. 10~12분정도 삶는다.

Fusilli Lunghi(푸실리 룽기)

푸실리처럼 비틀어서 모양을 낸 파스타로 푸실리보다 길이가 길다. 10~12분정도 삶는다.

Gnocchetti(뇨케티)

작은 크기의 뇨키를 건조시킨 것이다. 6~8분정도 삶는다.

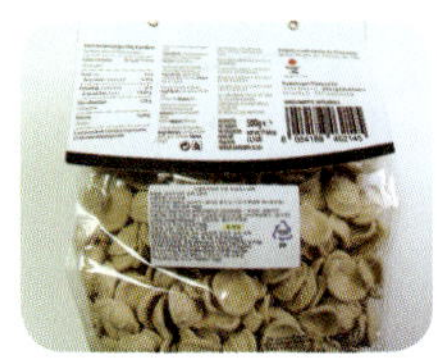

Gnocchi(뇨키)

글루텐함량이 높은 듀럼밀(Durum Wheat)로 만든 작은 덤플링 모양의 파스타로, 금방 만든 생 것은 2~4분정도 삶고, 건조된 것은 8~12분정도 삶는다.

Gramigna(그라미냐)

아주 얇고 다소 짧은 관 모양의 파스타를 한쪽 끝을 말아서 구불구불한 모양을 낸 것이다. 6~9분정도 삶는다.

Lumache(루마케)

한쪽 단면이 열려 있고, 다른 쪽은 거의 닫히도록 눌려 있는 것으로, 달팽이껍질과 비슷한 모양의 파스타이다. 11~13분정도 삶는다

Orecchiette(오레키에테)

Little Ear라는 의미인 오레키에테는 가운데가 깊고 오목하게 파인 조개껍데기 모양이다. 익혀서 소스와 버무리기도 하고 샐러드에 넣기도 한다. 9~12분정도 삶는다.

Rotelle(로텔레)

비틀어서 나선형 모양으로 만든 파스타이다. 10~12분정도 삶는다.

Ruote(루오테)

수레바퀴 모양의 파스타이다. 9~12분정도 삶는다.

Trofie(트로피에)

둥그런 형태로 말리도록 비틀어 만든 것으로, 끝부분이 중간보다 가늘다. 11~13분정도 삶는다.

파스타 삶을 때 주의할 점 1

파스타면을 삶을 때는 면끼리 서로 달라붙어 뭉치지 않도록 충분히 넉넉한 양의 끓고 있는 물속에서 긴 종류의 나무젓가락 또는 나무스푼 등의 도구를 사용하여 잘 휘저어주며 익혀야 한다. 속이 채워져 있는 종류의 파스타는 센 불에서 팔팔 끓이며 익히거나 너무 휘저으면 터질 수 있으므로 특히 신경써야 한다. 면이 어느정도 익었는지를 확인하려면 면을 건져서 자른 다음 잘린 단면의 중심부의 색 변화를 관찰하고 살짝 씹어보아 씹히는 정도를 직접 확인하도록 한다. 파스타면의 종류, 버무릴 때 사용할 소스의 종류나 조리 방법 등을 고려하여 삶아진 정도를 결정해야 하며 그 삶아진 정도를 반드시 확인 후 건져내야 한다.

관 모양 파스타Pasta Tubolare

가운데 구멍이 뚫려 속이 비어있는 튜브 형태의 파스타들이다. 모양이 길고 좁거나, 짧고 넓거나, 한쪽이 막히거나 등의 다양한 형태로 만들어진다. 큰 튜브 형태의 파스타는 고기와 치즈를 넣어 속을 채운 후에 조리하기도 하고, 진하고 걸쭉한 소스와 함께 제공되기도 한다.

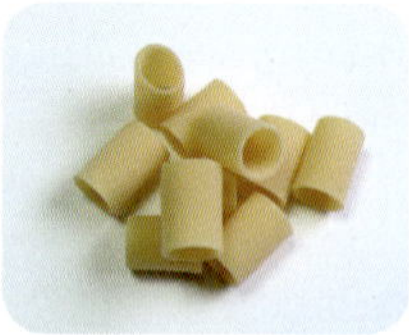

Ditali(디탈리)

손가락골무처럼 생긴 작은 튜브형 파스타이다. 9~11분정도 삶는다.

Foglie di live(폴리에 둘리바)

건면파스타로 8~9분정도 삶는다.

Penne Rigate(펜네 리가테)

표면에 각진 줄무늬가 있고, 끝부분 단면이 날카로운 대각선으로 잘려 있는 얇은 튜브형 파스타이다. 10~12분정도 삶는다.

Ziti(지티)

약간 구부러진 굴곡이 있고, 짧고 튜브의 관이 굵은 편인 튜브형 파스타이다. 10~13분정도 삶는다.

파스타 삶을 때 주의할 점 2

완성된 파스타의 맛을 결정짓는데 큰 영향을 주는 것은 파스타면을 삶아내는 시간과 삶는 동안 삶는 물 속에 첨가한 염분의 흡수 정도이다. 두께나 크기 그리고 속재료 등에 따라 삶는 시간이 다른 파스타는 삶아진 정도를 확인하며 삶는 시간을 조절해야 하고, 짧은 시간 삶아낼 때는 물속의 염분의 농도를 진하게 그리고 긴 시간 삶아낼 때는 물속의 염분의 농도를 약하게 조절해주어야 하며, 버무려 낼 소스의 종류나 조리법에 따라서도 염분의 농도와 삶아내는 시간을 조절해야 한다.

국수 모양 파스타Taglicatelle Del Filo

Chitarra(키타라)

스파게티와 유사하나 약간 얇고 각이 있다. 9~12분정도 삶는다.

Vermicelli(버미첼리)

Spaghettini(1.4mm)보다 더 얇은 파스타이다. 5~6분정도 삶는다.

Spaghetti(스파게티)

지름이 1.8mm 정도인 둥글고 얇은 파스타이다. 9~12분정도 삶는다.

리본형 국수 파스타Ttagliatelle Della Pasta Del Nastro

리본형 국수 파스타는 납작한 가닥의 파스타로 길이, 폭, 두께, 모양 등이 종류에 따라 다른 형태를 하고 있다.

Black Ink Pasta(블랙잉크 파스타)

오징어먹물을 넣어 만든 납작한 파스타이다.

Lasagne(라자니아, 라자냐)

가로 5cm, 세로 20cm 정도의 넓고 납작한 파스타로, 리본으로 또는 돌돌 말아 자르기도 한다. 사이에 다른 재료들을 넣으며 층층이 쌓아 만드는 요리 등에 다양하게 사용된다. 11~13분정도 삶는다.

Fettuccine(페투치네)

길이 20cm, 너비 0.6cm 정도의 길고 납작한 가닥의 면이다. 7~10분 정도 삶는다.

Mafalde(마팔데)

단면에 주름이 있는 파스타로 길이가 4cm부터 1m까지 다양하다. 10~12분정도 삶는다.

Linguine(링귀네)

둥근 면을 눌러 놓은 듯한 모양으로, 단면이 납작하면서 타원형인 파스타이다. 너비 0.3cm 정도이다. 납작한 모양이 '작은 혀'를 닮아 Linguine라고 부른다. 7~9분정도 삶는다.

Gigli(질리)

양쪽 가장자리 중 한쪽에 주름이 있는 면을 돌돌 말아 만든 파스타이다. 9~10분정도 삶는다.

Maltagliati(말타리아티)

넓고 얇게 만든 시트를 대강 잘라 만든 것으로 Lasagnette로도 불린다. 6~9분정도 삶는다.

Pappardelle(파파르델레)

너비 2cm정도 내 · 외인 넓고 납작한 파스타이다. 가장자리가 곧은 또는 주름진 것이 있다. 7~10분정도 삶는다.

파스타를 삶을 때 소금을 넣는 이유

파스타를 삶을 때 물 속에 소금을 첨가해주는 이유는 첫째, 염분이 글루텐의 구조를 탄탄하게 해줌으로써 보다 쫄깃한 식감을 부여함. 둘째, 미량이지만 소금에 함유되어 있는 미네랄성분들이 파스타면에 스며들게 함으로써 맛을 상승시켜줌. 셋째, 버무릴 때 사용하는 소스를 면이 너무 과하게 흡수하지 않고 잘 어우러지도록 버무려지게 하기 위함이다. 염분농도는 일반적으로 1% 정도가 적당하다.(예: 물 1L당 소금 10~12g정도, 파스타나 소금의 종류에 따라 조정) 모든 음식이 간이 맞아야 맛있듯이 파스타의 맛을 더욱 좋게 만들기 위해 소금을 넣는 것이다.

파스타 만들 때 지켜야할 사항

1. 파스타를 삶을 때는 소금을 넣은 물을 넉넉하게 준비해야 한다. 그리고 가장 강한불을 사용하고 물이 팔팔 끓도록 해야 하는데, 물의 온도가 낮아 끓지 않는 물에 삶아내면 파스타가 끈적거리고 먹기에 불편하다.
2. 파스타소스는 뜨겁게 준비해야 하고, 파스타면이 완성되기 전에 미리 준비해 둬야 한다.
3. 파스타가 완전히 익기 1~2분 전에 물에서 빼내야 한다. 그래야 소스에서 조리할 때 소스를 흡수하고 잘 버무려지며 요리가 완성되었을 때 알단테의 식감이 된다.
4. 파스타와 소스를 섞을 때는 큰 포크와 스푼 또는 두개의 포크, 혹은 집게를 사용하고, 파스타 가닥들을 들어 올리고 섞고 빙빙 돌려가며 파스타에 소스를 충분히 묻혀야 한다.
5. 풍부한 식감과 광택을 더하기 위해 버터나 엑스트라버진 올리브유를 첨가하여 완성하며 완성된 즉시 제공해야 한다.
6. 완성된 파스타를 담을 접시도 미리 뜨겁게 한 다음 담아내야 한다.

수프 가니쉬용 파스타Micro Pasta

수프 가니쉬용 파스타는 주로 작은 크기의 파스타로, 모양과 크기가 다양하다. 일반적으로 샐러드나 수프에 넣어 사용되는데, 그 중 아주 작은 것은 묽은 수프에 사용하는 편이다.

Couscous(쿠스쿠스)

Semolina(세몰리나)를 아주 거칠게 빻아 돌돌 말아 씨앗 모양으로 만든 파스타로, 파스타 중에서 가장 작다. 모로코를 상징하는 민족음식으로 세계적으로 각광받고 있는 쿠스쿠스요리는 이 파스타에 스튜를 끼얹은 것이다. 미리 끓여둔 뜨거운 물에 5~7분정도 담갔다가 샐러드에 사용하기도 한다.

Orzo(오르초)

쌀이나 씨앗의 형태를 띠는 작은 파스타이다. 7~9분정도 삶는다.

Fregula(프레굴라)

Couscous와 같은 방법으로 크기를 조금 크게 만든 것이다. 지름이 0.3~0.5cm 정도이며, 주로 오븐에서 구워 사용한다.

Stelle(스텔레)

작은 별 모양이며, 가운데 구멍이 뚫린 파스타이다. 6~9분정도 삶는다.

Grissini(그리시니)

가루에 물, 소금, 이스트, 향신료 등을 넣어 반죽하여 발효 후, 속이 거의 빈 형태로 돌돌 말아 가늘고 긴 연필 모양으로 구운 이탈리아 토리노 지역빵으로, 주로 수프에 곁들임으로 사용된다.

속이 채워진 파스타Pasta Farcita

납작하게 만든 생파스타 사이에 육류, 채소, 치즈, 허브 등의 혼합물을 넣어 만드는 것이다. 파스타면 위에 소를 넣은 후 반으로 접어 붙이거나, 소를 올려놓은 파스타면 위에 다른 파스타면을 놓고 웨이브 롤 커터로 자르면서 붙게 해주거나, 속을 넣어 만든 파스타를 비틀어 특이한 모양으로 만드는 등 다양한 방법과 모양으로 만들 수 있다.

Cappelloni(카펠로니)

납작하게 만든 생 파스타면에 고기나 치즈 등의 소를 넣고 모자 모양으로 만든 것이다. 13~15분정도 삶는다.

Manti(만티)

고기로 속을 채워 만든 터키의 파스타이다. 요구르트를 넣은 소스와 먹기도 한다. 8~10분정도 삶는다.

Girasole(기라솔레)

해바라기꽃 형태를 한 둥근 만두모양이다. 5~10분정도 삶는다.

Ravioli(라비올리)

생 파스타면 사이에 소를 채워 넣어 만드는 것으로, 지역에 따라 사각형 또는 반달형으로 만든다. 4~9분정도 삶는다.

Lunette(루네테)

원형 파스타면에 소를 채우고 반을 접어 가장자리를 붙여 초승달 형태로 만든 것이다. 안에 넣는 재료에 따라 4~9분정도 삶는다.

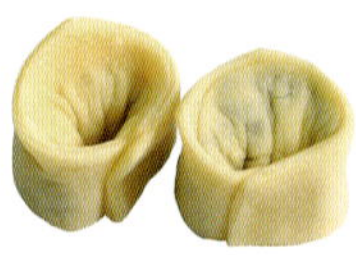

Tortellini(토르텔리니)

원형 파스타면에 소를 채우고 반을 접어 가장자리를 붙인 후, 양끝을 당겨 서로 붙여 둥글게 만든 것이다. 4~9분정도 삶는다.

파스타를 삶을 때 오일을 넣지 않는 이유

냄비 안에서 끓고 있는 물은 냄비 바닥에서 가해지는 열에 의해 끓어오르면서 대류현상이 일어나지만, 익히기 위해 물 속에 넣은 파스타면은 무게에 의해 가라앉은 채 익을 뿐 위로 떠오르지는 않으며 오일은 물보다 밀도가 가벼워서 물 표면에 떠 있기 때문에 파스타면과 오일이 접촉하지 않는다. 면끼리 붙는 것을 방지하기 위해 넣는 것이 좋다는 일부 견해도 있지만 면을 익히는 동안 위의 설명처럼 오일이 면을 코팅시키지도 못하며, 건져낼 때 물 표면에 있던 오일로 면이 일부 코팅되면 소스와 버무릴 때 오히려 소스와 면의 혼합을 방해하기 때문에 오일 파스타를 만들기 위한 면을 삶을 때를 제외하고는 오일을 첨가할 필요가 없다. 면끼리 붙는 것을 방지하고 싶다면 충분한 양의 물이 충분히 가열되어 끓을 때 면을 넣고 잘 저어주면서 익히면 된다.

8) 생면파스타Pasta Fresco

생면파스타는 밀가루에 달걀을 넣고 반죽해서 원하는 모양을 만든 후 건조과정을 거치지 않고 사용하는 촉촉한 상태의 파스타를 말한다. 주로 이탈리아 중・북부 지역에서 즐겨 먹는 생면파스타는 밀가루 중 보통 연질밀을 사용하여 만드는데, 연질밀 1kg당 달걀10개 정도를 섞어 반죽하는 것이 보편적이지만 물 또는 달걀의 양은 반죽을 하는 방법에 따라 조금씩 달라진다. 손으로 하는 것보다 기계로 반죽할 때는 그 양이 조금 덜 들어간다.

다양한 형태의 생면파스타는 사용하는 밀가루의 품종에 따라 그 종류가 구분되어지며 명칭은 만든 지역에 따라서 달라지기도 한다. 아직까지는 건 파스타가 유통이 용이하고 사용이 편리하여 주로 사용되어지고 있다. 신선한 생면파스타는 변질되거나 상할 위험이 있기 때문에 만든 후 2~3일냉장보관 안에 사용해야 하나 냉동시킨 경우 2개월 정도까지 사용이 가능하다. 이런 이유로 많은 양을 생산하여 유통하기보다는 각 가정이나 전문식당에서 필요한 만큼 직접 만들어 사용하는 경우가 많다.

생면파스타를 만들 때 주의할 점

1. 사용할 밀의 단백질함량과 습도 등을 고려하여 반죽에 필요한 물과 달걀의 양을 조절해야 한다.(손가락으로 반죽의 중앙을 눌러 손가락에 아무것도 묻지 않으면 양 조절에 성공한 것이다.)
2. 반죽할 때 실온 상태의 밀가루, 물, 달걀을 사용해야 한다.
3. 반죽하거나 모양을 만들 때는 차가운 성질을 가지고 있는 도구보다 실온상태의 나무판 위에서 해야 한다.
4. 원하는 형태의 모양을 만들기 전 덩어리 상태의 반죽을 30분정도 휴지시켜야 한다.
5. 반죽을 휴지시킨 후, 그 반죽이 질더라도 단백질 결합과 탄력 형성에 좋지 않으므로 밀을 첨가하지 않아야 한다.
6. 반죽을 치대거나 밀어서 모양을 만들 때 세몰리나 또는 옥수수가루 등을 살짝 뿌리기도 하는데 그 양을 잘 조절해야 한다.
7. 속을 채워 만든 생 파스타류는 냉장보관이더라도 자주 뒤집어주어 곰팡이나 세균이 번식하지 않도록 관리해야 한다.
8. 밀봉하여 냉장보관 중인 반죽이더라도 2~3일까지만 사용해야 한다.

생면파스타 기계를 사용

① 반죽기계에 준비된 재료를 모두 넣고 기계를 5분정도 작동한다.
② 반죽기계 노즐을 원하는 파스타 모양으로 끼워 작동시키면 원하는 모양의 파스타가 만들어진다.
③ 사진의 반죽기계는 반자동 노즐로 파스타가 나오면 잘라주어야 한다.

A

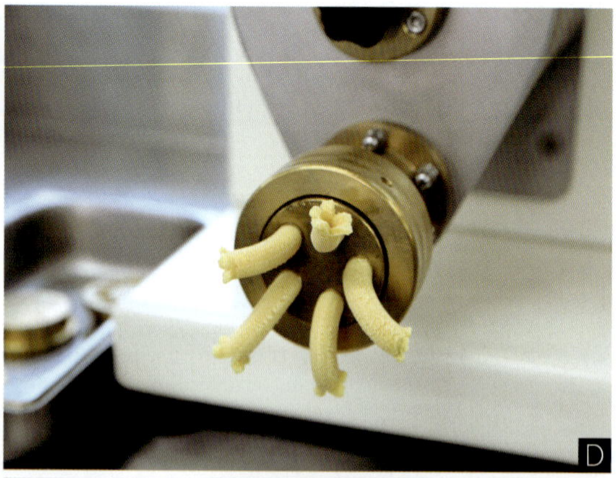
D

B

E

C

(1) Flavoring Pasta Dough

BASIC EGG DOUGH

다양한 파스타의 기본재료인 달걀 생면파스타를 만드는 방법은 달걀노른자만 넣는 방법과, 흰자를 같이 넣는 2가지 방법이 있다.

1) TWO-EGG BASIC PASTA DOUGH

Italian 00 flour 220g
Egg 2
Egg yolk 1
Water 20~30ml
(00은 가장 고운 연질밀 0. 1. 2. Integrale로 구분함)

2) ALL-YOLK PASTA DOUGH

Italian 00 flour 220g
Egg yolk 8
Water 45~55ml

① 큰 볼과 작은 볼에 재료를 나누어 준비한다.

② 준비된 밀가루에 달걀을 넣는다.

③ 포크를 이용하여 안쪽의 밀가루부터 조금씩 섞기 시작하여 전체 밀가루를 섞어줄 때는 분화구 모양을 살려가며 밀가루를 위쪽 방향으로 밀어 올려야 달걀이 뭉치지 않으므로 반죽이 잘 만들어진다.

④ 볼에서 가루가 잘 섞이고 그 혼합물이 덥수룩하고 거친 덩어리가 되었을 때 나무로 만든 작업대로 옮긴다.

⑤ 나무판 작업대에 반죽덩어리를 올려 치대기 시작하고 치대는 동안 반죽덩어리를 여러 차례 뒤집어서 가루가 잘 섞이도록 계속 치대어주어야 한다.

⑥ 반죽덩어리에 합쳐지지 않은 나무판 작업대의 잔여물

A
B
C

은 긁어모아 버린다.

⑦ 손바닥의 두꺼운 부분을 이용해 반죽을 아래쪽으로 계속 치대면서 밀어주고 다시 접어주기를 반복한다.

⑧ 표면에 나타나기 시작하는 작은 공기방울은 글루텐이 완전히 활성화되었다는 것을 알려주는 것이며, 반죽이 완성되고 있음을 나타내는 것이다.

⑨ 반죽의 바깥부분에서부터 중앙부분으로 끌어당겨가며 부드러운 둥근 공 모양의 형태로 만들며, 전체적으로 부드러운 질감으로 만들어야 한다.

⑩ 손으로 반죽하는 것이 기계를 이용해 반죽하는 것보다 더 탄력적면서 더 부드럽기 때문에 손으로 만드는 것을 권장한다.

D

E

F

G

H

I

PIZZA DOUGH

- 피자 반죽을 만들어 1개 분량180g씩 소분해서 충분히 발효시키는 것이 중요하며 냉장 보관함
- 장기간 보관할 경우에는 냉동 보관을 권장함
- 반죽과 발효에 따라 차이가 있으나 통상 1일 정도 냉장 숙성시켜 사용하는 것을 권장함
- 실온의 미지근한 물에서 효모이스트를 풀어 주어 사용하는데, 여름에는 18℃, 겨울에는 28℃ 정도의 물에 녹여 사용함

A

B

C

D

손으로 반죽할 경우

Italian 00 flour 500g
Salt 8g
Tepid Water 150g
Sugar 10g
Yeast 20g
Extra Virgin Olive Oil 15ml
작업대에서 뿌릴 여분의 밀가루 약간

① 효모(생이스트)를 미지근한 물에 풀어 준비한다.

② 00밀가루를 분화구 형태로 만든 후 중앙에 풀어준 효모와 물을 넣은 다음 안쪽의 가루부터 섞기 시작하고, 분화구 모양을 살려가며 밀가루를 밀어 올려가며 반죽에 불필요한 뭉침이 없도록 잘 섞어준다.

③ 뭉쳐진 반죽은 손으로 둥글려 원형으로 만든 후 소량의 올리브오일을 뿌려 숙성시킨다.

④ 피자반죽은 1시간 이상 휴지시킨 다음 1개 분량의 피자반죽을 세몰리나 가루를 뿌리면서 넓게 펴는데 원을 그리면서 조금씩 면적을 넓혀나간다.

E

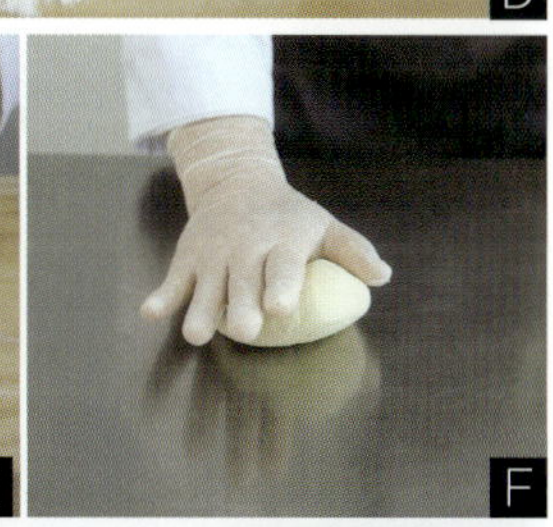
F

G

H

I

J

K

L

반죽기계를 사용하여 반죽할 경우

Italian 00 flour 2,000g
Salt 50g
Tepid Water 1,000g
Sugar 60g
Yeast 40g
Extra Virgin Olive Oil 50ml

A

B

① 효모(생이스트)를 미지근한 물에 풀어 준비한다.

② 밀가루에 소금, 설탕을 혼합하여 반죽 기계에 넣는다.

③ 효모와 미지근한 물을 넣고 5분정도 반죽 기계를 돌려 반죽이 뭉치도록 작동시킨다.

④ 반죽이 뭉쳐지면 반죽을 손으로 만져본 후 수분의 정도에 따라 물을 조절한다.

⑤ 엑스트라 버진 올리브오일을 넣고 저속이나 중속으로 10분정도 반죽한다.

⑥ 180~200g씩 분할하여 발효실이나 실온에서 발효시키고 보관은 냉장 보관한다.

SPINACH DOUGH

완전히 자란 시금치 잎은 섬유질이 너무 많아 질길 수 있으므로 시금치의 여린 잎 부위로 만드는 것이 적합하다.

Spinach leaves 170g
Italian 00 flour 270~300g
Egg 2

① 끓는물에 시금치를 넣고 살짝 데쳐서 건진 후 찬물에 담가 색이 고정되도록 한다.

② 준비한 시금치의 수분을 짜낸 후 잘게 다진 다음 달걀과 함께 믹서를 이용해 아주 곱게 될 때까지 갈아서 섬유질이 남지 않게 한다.

③ 볼에 가루를 넣고 화산 모양을 만들어 중앙에 시금치 퓌레와 달걀을 넣는다.

④ 볼에서 커다란 포크를 사용하여 안쪽의 가루를 아래에서 위의 방향으로 올려주며 잘 뭉쳐지도록 해야 한다.

⑤ 평평한 작업대에서 반죽을 만들 경우는 가루가 퍼지기 때문에 분화구 모양을 유지할 수 있도록 바깥쪽의 가루를 밀어 올리고 달걀이 부족하지 않도록 해야 한다.

A

B

C

D

E

RED PEPPER DOUGH

· 미세한 달콤한 맛과 밝은 색을 가지고 있는 생면파스파

· 맛과 색을 더 상승시켜 줄 수 있는 신선한 채소 및 허브, 단순한 소스와 잘 어울림

· 크림류나 가공토마토 등을 사용한 무겁거나 강한 소스와는 어울리지 않음

Roasted red pepper 170g
Sweet red paprika powder 7~9g

Italian 00 flour 350g
(00은 가장 고운 연질밀 0. 1. 2. Integrale로 구분함)
Egg 3

① Red pepper를 굽기 위해 그릴이나 버너에 석쇠를 올리고 모든 표면이 검정색으로 변할 때까지 굽거나 그을린다.

② 겉껍질 표면이 고르게 색이 나도록 전체 면을 자주 돌려가며 구워야 한다.

③ 풍미가 없어질 수 있기 때문에 물에 헹구는 방법보다는 겉껍질을 손으로 벗겨내는 것이 좋다. 밀폐용기에 담아 1주일정도 냉장 보관하여 사용이 가능하다.

④ 구운 페퍼를 믹서를 이용해서 갈아 퓌레를 만든 후, 냄비에 넣어 중불에서 자주 저어가며 형태가 충분히 걸쭉해질 때까지 가열한다. 완성되면 실온에서 식히도록 한다.

⑤ 볼에 밀가루를 넣고 화산 모양이 되도록 만든 다음 그 중앙에 달걀과 준비해둔 페퍼 퓌레를 넣고 섞어준다.

⑥ 볼에서 반죽을 만들 때는 커다란 포크를 사용하여 안쪽의 가루를 아래에서 위의 방향으로 올려주어 잘 섞이면서 뭉쳐지도록 해야 한다.

⑦ 평평한 나무판에서 반죽을 만들 때는 밀가루가 바깥쪽으로 퍼지기 때문에 분화구 모양을 유지할 수 있도록 바깥쪽에서 가루를 밀어 올리고 달걀이 부족하지 않도록 해야 한다.

⑧ 덩어리로 만든 반죽은 사용하기 전, 젖은 천이나 랩으로 덮어서 30분정도 실온에서 휴지시키는 과정을 반드시 해야 한다. 휴지 후 반죽이 끈적하다고 끈적거리지 않도록 하기 위해 완성된 반죽에 가루를 더 첨가하면 안 된다. 반죽을 평평하게 만들기 위해 밀거나 원하는 모양을 만드는 과정에서 가루를 뿌려가며 반죽이 손에 달라붙지 않도록 한다.

A

B

PASTA ALLA CHITARRA

· 키타라는 이탈리아어로 기타Guitar라는 뜻으로 현이 있는 Wired-Strings 금속이나 나무틀에 파스타를 눌러 내리는 형식의 전통적인 파스타 만드는 도구임
· 이탈리아 중부지역 아브루초주Abruzzo 산악지역에서 상징적으로 많이 사용함
· 키타라 파스타는 전통적으로 양고기와 라구소스Ragu Sauce와 함께 제공함
· 이탈리아 서부의 라치오주에서 즐겨 먹는 탈리에리니Tonnarelli 파스타의 한 종류로 탈리아텔레 Tagliatelle 보다 폭이 좁고 일반적인 스파게티보다 얇으며 각진 모양을 가지고 있음

Italian 00 flour 220g
Egg 2
Egg yolk 1
Water 20~30m

A

B

C

① 달걀을 넣은 기본 반죽을 만들어 실온에서 15분정도 숙성을 시켜 준비한다.

② 숙성된 반죽을 도구나 밀대를 사용해 밀어 펴는 작업을 하고 키타라 도구의 길이보다 짧은 길이로 잘라 놓는다.

③ 반죽을 키타라 도구 위에 올리고 밀대로 천천히 밀어 금속 현Wired-Strings이 보이도록 조심스럽게 누르도록 한다.

④ 반죽이 거칠수록 현에서 잘 내려가며 반죽이 질어 현에서 떨어지지 않는다면 손을 이용해 눌러 와이어 현 밑으로 떨어지도록 작업한다.

⑤ 자른 파스타에 00밀가루를 뿌려 서로 달라붙지 않도록 한 후 표면이 마를 때까지 건조시킨다.

⑥ 반죽이 질어 시트나 자른 파스타가 키타라 도구보다 길어지면 가위를 사용해 잘라 사용한다.

RED BEET DOUGH

- 다양한 종류의 치즈들과도 아주 잘 어울리는 매력적인 반죽임
- 적은 양으로도 특유의 진한 붉은 색이 오래 지속되는 특징이 있음
- 항산화 작용을 하는 베타닌 색소를 다량으로 함유함
- 비트의 사용량에 따라 도우의 색이 달라짐보통크기 비트는 자홍색, 큰 비트는 어두운 자줏빛을 띠는 도우를 만들 수 있음

Beet 1ea
Italian 00 flour 270g
Egg 2
Salt 2g

① 중간정도 크기의 비트를 냄비에 물을 충분히 넣고 식초와 소금을 소량 넣어 충분히 부드러워질 때까지 은근히 삶아 낸다.

② 삶은 비트는 식힌 후 껍질을 제거하고 다져 놓는다.

③ 다진 비트를 믹서에 넣고 곱게 갈아준다.

④ 볼에 밀가루를 넣고 화산 모양을 만들어 중앙에 비트 퓌레와 달걀을 넣는다.

⑤ 볼에서 커다란 포크를 사용하여 안쪽의 가루를 아래에서 위의 방향으로 잘 올려주어 잘 뭉쳐지도록 한다.

⑥ 뭉쳐진 덩어리를 나무 작업대로 옮겨서 반죽의 바깥에서부터 바닥의 중앙부분으로 끌어당겨가며 치대고 전체적으로 부드러운 둥근 공 모양의 형태로 만든다.

A

B

C

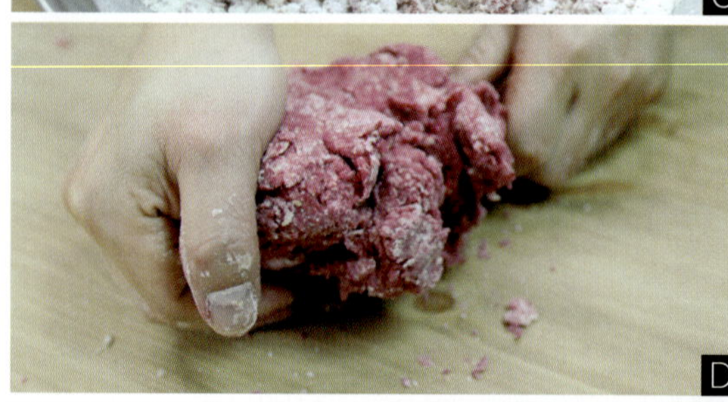
D

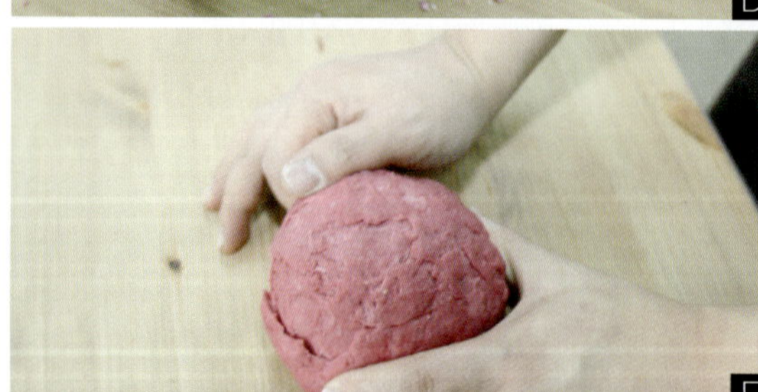
F

SQUID INK DOUGH

· 오징어 먹물을 사용해서 만든 파스타 반죽

· 독특한 맛이 미세하게 느껴지는데 바다의 싱싱한 맛을 느낄 수 있음

· 해산물류와 잘 어울리고, 아니스향이 나는 술을 첨가하면 그 풍미가 향상됨

Squid ink 5g
Italian 00 flour 350g
Egg 2
Water 140ml
Anise-flavored pastis 30ml

① 오징어 먹물 4~5g 정도를 물에 잘 풀어서 섞어 사용하는데, 이 먹물은 아주 짙고 부드럽고 끈적거리는 특성이 있다. 적은 양을 사용해도 색이나 향미가 오래 지속되는 것을 사용하는 것이 좋으며, 시판되는 진한 먹물을 그대로 사용하기도 한다.

② 밀가루를 분화구 형태로 만든 후 중앙에 준비한 재료를 넣은 다음 젓가락이나 포크를 이용하여 안쪽의 가루부터 섞기 시작하고, 분화구 모양을 살려가며 밀가루를 밀어 올려가며 반죽에 불필요한 뭉침이 없도록 잘 섞어준다.

③ 가루가 잘 섞이고 혼합물이 덥수룩한 덩어리 형태가 되면 나무 작업대로 옮겨 부드러워질 때까지 치대고 둥근 공 모양으로 만들어 준다.

LEMON-PEPPER DOUGH

- 곱게 갈아낸 레몬 제스트를 넣어 선명한 노란색상과 향긋한 맛이 나는 반죽임
- 레몬의 풍미를 증가시키기 위해 레몬즙을 첨가하기도 함
- 해산물, 치킨, 채소를 이용해 만든 무겁지 않은 소스류와 잘 어울림
- 올리브오일을 이용해 버무려 완성하기도 함

Grated lemons zest of 3
Juice of lemon 40ml
Italian 00 flour 350g
Egg 3
Black pepper

① 밀가루를 큰 볼에 넣고 분화구 모양을 만든다.

② 작은 볼에 달걀과 레몬즙, 곱게 갈아낸 레몬 제스트, 후추를 넣어 섞어 준다.

③ 달걀 혼합물을 분화구 모양으로 만든 밀가루의 중앙에 붓고 포크를 사용하여 혼합물과 밀가루를 잘 섞이도록 저어준다.

④ 혼합물이 덥수룩한 덩어리가 되면 나무 작업대로 옮겨 부드러워질 때까지 치대어 준다.

B

A

C

(2) Gnocch

POTATO GNOCCHI

· 크고 껍질이 두꺼운 감자를 사용해 진한 풍미와 색이 나도록 만들어야 함
· 뇨끼를 부드럽게 만들기 위해서 가능하면 이탈리아산 밀가루의 사용을 권장함
· 반죽이 뭉쳐지는 것을 방지하기 위해 달걀노른자만 사용함
· 반죽하기가 어려워도 필요에 따라 달걀 없이 만들기도 함

Potato 450g
Italian 00 flour 110g
Egg yolk 1
Nutmeg 3g
chives 5g
Salt 2g
White pepper

A

B

C

D

① 감자의 껍질을 벗기고 삶으면 감자가 물을 과다하게 흡수하므로 소금물에 감자를 껍질째로 40분정도 삶는다.

② 삶은 감자를 껍질을 벗기고 뜨거울때 Potato Ricer로 내려 사용한다.(감자가 뜨거울 때 다른 재료들과 반죽하면 삶을 때 덜 분리되는 경향이 있다.)

③ 밀가루를 덜 넣거나 단단하게 만들어야 할 경우에는 감자를 차게 식히고 사용한다.

④ 믹싱볼이나 나무작업대에서 Potato Ricer로 내린 감자를 밀가루, 달걀노른자, 차이브, 소금, 흰 후추를 넣고 잘 섞어준다.

⑤ 패스트리반죽을 만드는 것처럼 감자와 밀가루가 잘 결합되도록 만들어야 하며, 밀가루의 양을 최소한으로 사용하면서도 글루텐이 충분히 형성되도록 잘 치대며 섞어주어야 한다. 대충 혼합되면 뇨끼가 거칠고 끈적거리게 되므로 주의해야 한다.

⑥ 반죽이 완성되면 모양이 유지되는지 확인하기 위해 끓는 소금물에 1~2개 삶아 본다.

⑦ 나무작업대에 밀가루를 뿌리고 도우를 부드럽게 다루면서 두꺼운 소시지 모양으로 길게 말아 준비한다.

⑧ Scraper나 칼을 사용하여 반죽을 원하는 크기로 균등하게 나누어 놓는다.

⑨ 뇨끼보드가 준비되었으면 이용하고, 만약 그렇지 못하면 포크를 이용하거나 또는 Snake 모양으로 손을 바깥으로 향해 가며 위아래로 움직여 모양을 만들어 낸다.

E

F

G

H

I

뇨끼 요리할 때 주의사항

1. 얕고 넓은 편인 냄비에 소금을 첨가하여 끓고 있는 물에 넣고 삶아야 한다. 물 위로 떠오르면 익은 것이다.
2. 다 익은 뇨끼를 Wire Skimmer나 Long Spoon(구멍들이 뚫려있는 큰 스푼)을 사용하여 물에서 부서지지 않도록 주의하면서 건져낸다.
3. 소스는 모차렐라치즈나 버터, 토마토, 바질 등을 넣어 만들며 뇨끼를 삶기 전 준비해 둔다.
4. 뇨끼를 삶고 바로 소스에 버무려 즉시 제공해야 한다.
5. 뇨끼 반죽을 만들어 보관할 때는 냉장보관보다는 냉동보관을 권장하며 사용하기 전 미리 충분히 해동해야 한다.

SEMOLINA GNOCCHI

- 로마의 레스토랑이나 가정에서 그 지역의 특성에 맞게 뇨끼를 만들어 사용함
- 원형의 틀을 이용해 모양을 만들거나 두꺼운 동전 모양으로 만들어 사용하기도 함
- 사드데니아 지역에서는 Pecorino Sardo치즈를 첨가한 Meat Ragu소스를 곁들여 오븐에서 갈색이 되도록 구워냄

Milk 800ml
Semolina 220g
Egg 1
Egg yolk 2
Salt 2g
Nutmeg 1g
Parmigiano-Reggiano or Grana Padano cheese 50g
Butter 80g

① 세몰리나 뇨끼를 만드는 방법은 사진처럼 두 가지로 나뉘는데, 한 가지 방법은 일반적인 덩어리 반죽으로 만들어 원하는 크기로 만드는 방법이며, 다른 한 가지는 아래 설명처럼 냄비에 우유를 넣고 저어가며 만드는 방법이다.

② 스텐으로 만든 두꺼운 냄비에 우유와 소금을 넣고 끓기 전에 세몰리나가루를 천천히 넣어가며 응어리지지지 않도록 저어준다.

③ 불을 줄이고 나무주걱으로 계속해서 저어가며 5분 이상 은근히 끓여준다.

④ 끓인 세몰리나를 오븐팬에 부어 윗면이 살짝 갈색이 나도록 오븐에서 구워낸다.

⑤ 갈색이 나도록 구워서 꺼낸 세몰리나 위에 버터를 바르고 실온에서 식힌다.

A
B
C
D

RAVIOLI GNUDI

- 라비올리 속재료필링:Filling로만 만들어 내는 것임
- 전통적으로는 이탈리아 중부 투스카니의 소작농들이 직접 재배한 식재료로만 만들어졌었음
- 리코타, 페코리노 치즈, 루꼴라나 시금치, 달걀, 소량의 밀가루 등을 섞어 부드러운 덩어리를 원하는 크기로 만들어 사용함
- 반죽 옷을 입히지 않고 부드러운 라비올리 속재료만으로 음식을 만드는 것임

Arugula 140g
Ricotta cheese 420g
Flour 90g
Egg 2
Salt 2g
Parmigiano-Reggiano or Grana Padano cheese 80g
Butter 50g
Black pepper, Nutmeg

① 크고 넓은 냄비에 소금을 첨가하여 끓고 있는 물 속에 루꼴라를 넣고 뭉근히 끓여낸 후 건져 물기를 빼고 준비해 둔다.

② ①에서 준비한 루꼴라를 곱게 다져서 밀가루와 리코타 치즈, 파미지아노치즈, 달걀, 소금, 후추, 허브 등을 넣고 섞어 부드러운 반죽을 만든다.

③ 원하는 농도의 반죽이 완성되면 두개의 스푼을 이용해서 동그란 럭비공 모양으로 만들어서 끓는물에 넣는다. 이때 부서지지 않도록 조심해야 하며, 너무 오래 익혀 퍽퍽하게 만들지 말고 부드러운 질감이 되도록 만들어야 한다.

④ 라비올리는 보통 6분정도 삶아내지만 만들어진 크기에 따라 익는 시간이 다르므로 수면으로 떠오르면 익은 것으로 판단해야한다. 냄비의 바닥에 계속 있으면 눌러 붙었는지 확인하고, 나무주걱으로 조심스럽게 떼어낸다.

⑤ 큰 냄비에 버터를 녹여준 후, 준비한 라비올리와 선호하는 치즈 등을 넣고 파스타를 만들어 낸다.

(3) Pasta Sheets

대부분의 수제 파스타반죽은 크고 긴 형태의 밀대를 사용해 손으로 밀어서 넓게 펴거나, 파스타 기계에 반죽을 접어가며 반복적으로 밀어서 넓게 펴낸 반죽의 시트를 말한다.

이탈리아어 'Sfoglia'는 얇게 만든 반죽을 의미한다. 이탈리아의 중부지방 볼로냐에서 Sfogline로 알려진 숙련된 여성 파스타 전문가들은 긴 오크나무의 밀대를 사용해서 구멍이 나거나 찢어진 곳이 하나도 없는 식탁보 크기의 반죽 시트를 만들어 낸다. 이들은 반죽을 밀대를 이용해 원하는 크기만큼 커지게 할 수 있을 뿐 아니라 표면을 곧게 뻗은 고운 글루텐 망으로 덮이도록 만들어 소스가 잘 스며들며 섞이도록 만든다.

파스타기계 관리하는 방법

1. 파스타 기계를 물에 씻거나 세척기에 넣지 않는다.
2. 녹슬지 않도록 불순물을 제거하고 건조시켜 보관한다.
3. 파스타 기계로 파스타 시트를 만들어 낸 후 도우찌꺼기 및 가루를 제거해야 한다.
4. 부드러운 솔을 사용해 남아있는 도우를 제거하고 솔로 털어내기 힘든 반죽조각이 붙어있다면, 완전히 건조시킨 후 다시 털거나 긁어내어 제거한다.
5. 소리가 나는 기계에 기름칠을 할 때는 Mineral Oil(광물성기름)을 각각 겹쳐지는 부위에 몇 방울 떨어뜨려 주고 흘러내린 기름을 천으로 닦아낸다.
6. 파스타 기계는 원래 담겨져 있던 상자에 넣어 건조한 장소에서 보관해야 한다.

MALTAGLIATI

- 파스타 시트를 대각선으로 납작하게 잘라낸 것을 말함
- 필요한 종류의 넓적한 파스타를 만들기 위해 자르고 남은 조각들을 특이한 각도로 잘라 원하는 크기로 만들어 사용함
- 이탈리아 중북부의 에밀리아 로마냐 지역에서는 넓고 얇게 밀어낸 큰 시트를 불규칙적인 직선이나 대각선으로 솜씨 없이 대강 잘라 파스타를 만들기도 함
- 수프에 첨가된 조금 커다란 조각을 먹을 때 발생하는 현상 때문에 SpruzzamistFace Sprayers라고 불리기도 함
- 일부 지역에서는 버드나무잎 파스타로 불리고 있으며 콩수프에 넣어 제공함

① 원하는 재료들을 넣은 반죽을 크고 얇은 시트로 만들어 가장자리를 다듬어 고르지 않은 직사각의 형태로 만든다.

② 시트에 가루를 살짝 뿌리고 원하는 크기의 삼각형 형태의 모양으로 자른다.

③ 모서리와 중심을 잘라가며 삼각형형태로 반복해서 잘라준다.

④ 다른 넓은 파스타류를 만들기 위해 자르고 남은 시트나 조각들을 사용할 때에도, 그 시트나 조각들을 정형화되지 않은 삼각형의 모양으로 잘라 사용할 수 있다.

B

A

C

LASAGNA

- 단단한 곡물의 가루로만 만든 빵을 조각낸 것 또는 냄비요리라는 의미를 가진 그리스어 Lasanon에서 유래된 명칭임
- 이탈리아에서 가장 오래전부터 알려진 형태의 파스타임
- 다양한 종류의 원하는 밀가루를 사용해서 만들 수 있음
- 과거에는 외피만 제거한 통곡물Farro, 호밀Rye, 밤Chestnut, 옥수수Corn 등의 가루들을 사용했음
- 이탈리아 남부의 라자냐는 보통 부드러운 밀가루와 달걀로 만든 도우 시트를 사용해서 처음 만들어지기 시작했으며 점점 형태가 다양해졌음
- 이탈리아 북부의 라자냐는 듀럼밀과 물을 사용해서 만들며 넓고 주름진 모양으로 자르는 경향이 있음
- 지역마다 라자냐 만드는 방법이 있으며 그 면들의 모양은 정사각형에서부터 여러 모양의 넓은 조각까지 다양한 형태를 띰
- 가장 유명한 라자냐는 달걀과 시금치를 첨가해 종이처럼 아주 얇게 만든 시트를 Lasagna BoloneseBechamel 크림소스, Ragu미트소스, Parmigiano-reggiano cheese와 겹겹이 쌓아 오븐에 구워 낸 것임.

Pasta Dough 650g
Butter 60g
Onion 150g
Ground Beef 150g
Tomato Paste 20g
Flour 50g
Milk 800ml
Cream 150ml
Fontina cheese 220g
Parmigiano-Reggiano cheese 100g
Salt, Black pepper, Nutmeg, Clove, Thym

A

B

① 바닥이 두꺼운 냄비에 버터 50g을 녹이고 밀가루 50g을 넣어 뭉치지 않도록 잘 섞어가며 타지 않게 볶아준 후, 따뜻하게 데운 우유 500ml와 크림 100ml 정도를

넣어 잘 섞어주고 걸쭉해질 때까지 졸여준다. 이때 팬의 벽면과 바닥을 잘 저어주어 소스가 팬에 달라붙지 않도록 해야 한다.

② 바닥이 두꺼운 팬에 버터를 녹이고 다진 고기, 다진 양파, 정향Clove, 백리향Thyme 등을 넣어 양파를 볶은 후 토마토 페이스트, 데운 우유와 크림을 넣고 계속 저으면서 볶아준다. 볶은 소스를 15분정도 자주 저어가며 약한 불로 은근히 끓이고 준비된 치즈를 넣고 소금, 후추, 너트메그를 넣은 후 식혀준다.

③ 오븐을 190℃로 예열시켜 준비해 둔다.

④ 넓적한 냄비를 사용해서 소금을 넣고 끓인 물에 라자냐 시트를 절반 정도만 익힌 후 전분기를 없애기 위해 찬물에 헹궈 물기를 제거해 놓는다.

⑤ 절반 정도만 익힌 라자냐 시트를 키친타월에 겹치지 않게 놓고 건조시킨다.

⑥ Bechamel 소스를 라자냐 용기에 고르게 펴주고, 그 위에 라자냐 시트, 그리고 소스를 층층이 쌓아서 준비한다.

⑦ 그릇의 크기에 따라 층층으로 쌓은 라자냐 시트가 여러 층이 될 수도 있다.

⑧ 라자냐 그릇의 밖으로 튀어나오는 끝부분은 안쪽으로 접어 밀어 넣거나 잘라내도 된다.

⑨ Bechamel 소스를 가장 위쪽에 펴서 놓고, 그 위에 치즈를 뿌린다.

⑩ 예열된 오븐에서 20분정도 구운 후, 위에 다진 허브를 뿌려 제공한다.

D

E

F

G

C

H

CANNELLONI

- 이탈리아어 Cannella계피의 근원인 Canna갈대, 사탕나무대라는 줄기식물에서 유래된 이름으로 'Big Tube'라는 뜻임
- 20세기 중반 이탈리아요리책이나 사전에서 보이기 시작한 것으로 보아 그 이전부터 사용된 것으로 보임
- 속을 고기로 채우고 크림소스를 곁들여 오븐에 노릇하게 구워냄
- 강한 풍미를 가진 닭다리살을 주로 사용하나 닭가슴살이나 다른 육류 사용도 가능함

Boneless Chicken 600g
Chicken stock 400ml
Spinach 200g
Butter 50g
Cream 100ml
Lemons zest 12g
Juice of lemon 40ml
Parmigiano-Reggiano or Grana Padano cheese 100g,
Salt, Black pepper, Nutmeg, Parsley
Pasta Dough 450g

① 큰 냄비에 닭다리 살이 부드러워질 때까지 약 30분 정도 허브와 와인 등을 넣고 삶아 건져낸다.

② 시금치는 데친 후 색이 고정되도록 찬물에 헹궈 준비한다.

③ 데친 시금치와 삶아낸 닭살을 다진다. 이것을 준비한 스톡에 넣고 크림, 버터, 레몬제스트, 레몬주스, 치즈와 소금, 후추, 너트맥, 파슬리 등을 함께 냄비에 넣고 저어주면서 끓여서 졸여준다.

④ 준비한 시트는 넓은 냄비에 소금과 물을 넣고 익히거나, 오븐에서 절반 정도만 익혀 전분기가 일부 제거되도록 한다.

⑤ 절반만 익힌 시트는 키친타월에 겹치지 않게 놓고 건조시킨다.

A

B

⑥ 전분기를 제거해서 준비해둔 시트를 나란히 펼쳐놓고 속재료의 양이 균등하도록 배분해 넣어서 동그랗게 말아서 만들어 준다.

⑦ 정사각형의 시트는 잘린 단면을 위로 남겨둔 채, 가운데 손가락을 이용하여 둥글게 말아 안쪽으로 모아준다. 서로 달라붙지 않도록 밀가루를 조금 뿌려준다.

⑧ 오븐용기에 담아 속재료가 밖으로 나오지 않도록 구워낸다.

C

D

E

F

수제파스타 만들 때 알아야 할 점

1. 파스타반죽덩어리를 기계에 넣을 수 있도록 길게 펼쳐진 평평한 시트로 만들 줄 알아야 한다.
2. 반죽은 부드러운 것보다 조금 단단한 편이 좋다. 이유는 기계나 롤러에 넣고 면을 만들 때 덜 들러붙기 때문이다.
3. 잘라낸 파스타면은 건조시킬때 되도록 만지지 않는 것이 좋다. 이유는 면이 늘어나거나 서로 달라붙을 수 있기 때문이다.
4. 잘라낸 면이나 시트들의 잘린 부분이 희끄무레한 색이 되었다면 충분히 건조된 것이다.
5. 대부분의 수제파스타 반죽들은 채소 퓌레가 포함되어 있어 냉동이 용이하다. 반죽을 얼리기 위해서는 냉동용 팩에 넣고 공기를 제거해서 품질이 유지되도록 해야 한다. 또한 해동할 때는 하루정도 냉장에서 해동하는 것이 바람직하나 급하거나 비상시에는 전자레인지의 해동기능을 이용할 수도 있다.

(4) Making Cut Pasta

이탈리아 스타일의 면요리는 우리나라의 대표적인 면요리잔치국수, 수제비, 칼국수들과 달리 국물 없이 소스류를 이용해 만드는 경우가 보편적이며 이는 리본형의 파스타를 사용하기 위한 가장 좋은 방법이다.

크기가 크거나 넓은 형태의 파스타들은 보통 고기가 많은 Ragu소스를 사용해 만들고, 비교적 작거나 얇은 형태의 파스타들은 가벼운 크림이나 치즈, 버터, 신선한 토마토소스 또는 엑스트라버진 올리브오일을 소스로 사용해 요리를 만들어낸다. 아주 작거나 아주 얇은 형태의 파스타는 수프 안에 넣어 조리되어 제공되기도 한다.

GARGANELLI

- '닭의 식도'를 의미하는 이탈리아어 Garga-neli에서 유래된 명칭임
- 울퉁불퉁한 모양이 촘촘한 나무로 된 Pettine또는 Comb라고 불리는 판과 작은 롤링 핀으로 모양을 만듦
- 반죽시트는 단단하면서도 약간의 수분을 함유하고 있어야 선명한 무늬가 형성됨
- 이탈리아 북부의 에밀리아 로마냐 지역의 특산물임. Parmigianoreggiano Cheese와 Nutmeg을 반죽을 만들 때 사용함
- 육류수프, 라구소스, 아스파라거스크림소스 등과 함께 요리로 완성함

Flour 350g
Egg 3
Parmigiano–Reggiano cheese 50g
nutmeg
Salt

① 밀가루에 달걀, 치즈, 소금, 너트맥을 기본으로 그 외 색을 내기 위한 재료를 소량 넣어 원하는 정도의 점성을 가진 반죽이 되도록 10분 이상 반죽을 치대어 준다.

② 완성된 반죽을 가볍게 밀가루를 뿌려가며 밀대로 얇게 밀어 준비한다. 이때 가장자리가 건조되어 잘 안 붙는 일이 없도록 가루는 최소량만 뿌려야 한다.

③ 얇게 밀어 준비한 반죽을 Pasta Cutter나 칼을 사용하여 5cm 정도의 정사각형 모양으로 일정하게 잘라 놓고 10분정도 휴지시킨다.

④ 정사각형으로 만든 파스타 도우를 한 개씩 Pettine 또는 Comb 판 위에 대각선으로 놓고 눌러 말아준다.

⑤ 말아진 Garganelli 파스타를 Pin에서 미끄러뜨리듯이 가볍게 빼낸다.

⑥ 완성된 Garganelli 파스타를 서늘하고 습도가 낮은 공간에서 최소 30분정도 건조시키면, 곰팡이가 생기는 것을 막을 수 있다.

A

B

C

D

E

F

G

H

LAMINATED SAGE

· 두 장의 시트들 사이에 허브 잎을 넣고 눌러서 만드는 것임

· 얇게 밀어낸 두 시트 사이에 신선한 세이지 또는 타라곤 등 허브류를 일정 간격으로 유지되게 놓고 파스타 기계로 밀어서 두 시트가 하나처럼 결합되도록 만드는 것임

· 하나처럼 형성된 시트는 잎들이 추상적인 녹색의 형태로 보여지게 됨

① 촉촉한 반죽을 가능한 얇게 밀어 펴서 작업대에 준비해 둔다.

② 얇게 펼쳐낸 도우 위에 세이지, 바질, 타라곤, 마조람 등의 허브류를 일정간격이 유지되도록 나란히 놓아야 하는데, 너무 건조된 것보다는 습기가 조금 있는 것을 놓아 시트에 잘 붙도록 한다.

③ 두 시트 사이 안쪽에는 밀가루가 묻지 않도록 조심스럽게 다루어야 한다.

④ 두 장의 시트를 겹치도록 놓고 손끝으로 눌러 시트가 분리되지 않게 한 후 시트를 파스타 기계에 넣어 모든 면이 눌려 두 시트가 서로 잘 붙도록 만들어야 한다. 잘 겹쳐진 시트를 작업대에서 정사각형의 모양으로 잘라 준다.

⑤ 수프에 곁들이기도 하며, Parmigiano-reggiano 치즈를 뿌린 소스와 함께 제공하기도 한다.

B

C

A

D

TAGLIATELLE

· 파스타기계를 사용해 길고 납작하게 자른 형태임

· 이탈리아어 '자르다'의 의미인 탈리아레 Tagliare에서 유래된 명칭임

· TAGLIATELLE Alla Boscaiola : 납작하고 긴 파스타면에 산에서 구할 수 있는 포치니, 트러플, 표고 등의 버섯류와 허브, 토마토소스 등을 사용해 요리한 것임

· 버섯즙을 넣고 가벼운 크림소스로 살짝 버무려 내기도 함

· 달지 않은 와인, 브랜디, 허브, 채소, 판체타나 프로슈토 등의 염지육에 모두 잘 어울리는 재료이며 다양한 재료들을 활용한 파스타들이 만들어지고 있는 추세임

① 파스타 반죽은 수분을 유지하도록 랩으로 덮어주고 시트를 만들 때 잘 부서지지 않도록 최소 30분정도 휴지시킨 후 사용해야 한다.

② 반죽을 그림과 같이 계속 접어주며 파스타기계를 사용해 세로로 여러 번 반복적으로 펴서 시트를 만들어야 한다.

③ 파스타반죽을 다룰 때 늘어지거나 반죽이 질다고 생각되면 밀가루를 넉넉하게 뿌려주면서 작업해야 한다.

④ 시트를 만들고 자투리 부분은 커터기로 잘라낸다.

⑤ 시트가 비틀어지지 않고 바르게 통과하도록 주의하면서 파스타기계의 커팅기능으로 길고 납작한 면을 만들어 낸다.

⑥ 길고 납작하게 만들어낸 파스타면은 20분 이상 건조시킨다.

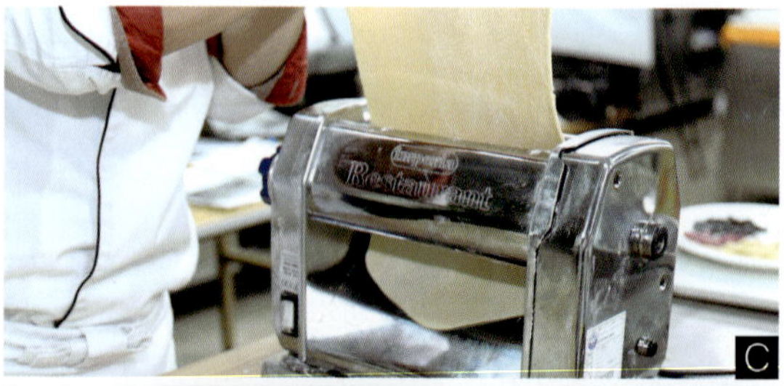
C

A

D

B

E

PAPPARDELLE

- 납작하고 넓은 띠 모양으로 만들어진 파스타임
- 이탈리아 중부 투스카니 지역의 '욕심내어 게걸스럽게 퍼먹다'라는 의미의 사투리 Pappare에서 유래된 명칭임
- 탄력 있는 풍부한 식감과 자를 때 부서지는 것을 방지하기 위해 달걀의 흰자와 노른자를 모두 사용하는 편임
- 사용하는 가루의 특성에 따라 달걀의 사용 여부를 결정함

① 손으로 반죽해서 만들어낸 넓은 반죽시트에 밀가루를 뿌려 20분정도 휴지시킨다.

② 휴지를 마친 반죽의 시트를 양쪽 끝에서 중앙으로 말아 올려 두 개의 관이 생기는 형태로 접어 올려 하나의 튜브 형태로 만들어야 한다.

③ 15mm부터 그 이상 원하는 너비로 썰어주도록 한다.

④ 메인코스의 1인분은 약 110g 정도로, 저울을 사용하여 1인분씩 분리하여 건조시켜 사용한다. 분리해 건조시킨 면에 밀가루를 살짝 뿌려서 3일정도 냉장보관하여 사용가능하다.

⑤ 건조된 넓은 파스타일수록 더 잘 부서질 수 있으므로 다룰 때 조심해야 하고, 당일 만든 것은 당일 사용하는 것을 권장한다.

A

B

C

D

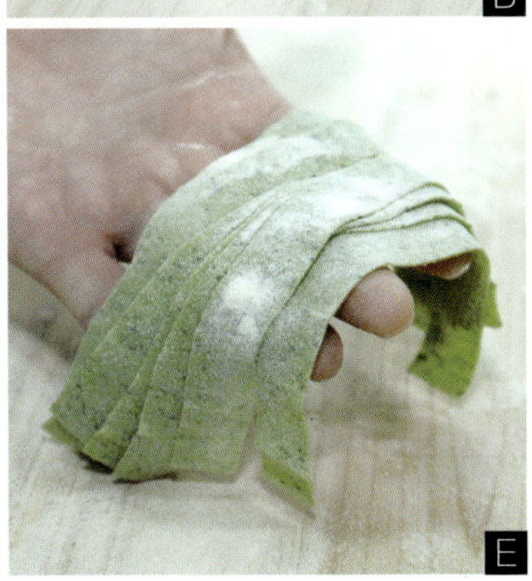
E

F

CAVATELLI

- 떼어냈다는 의미를 가진 이탈리아어 'Cavato'라는 단어로부터 유래된 명칭임
- 잘려진 단면이 톱니 모양처럼 뾰족하게 떼이진 모양임
- 이탈리아 남동부 Puglia 지역의 듀럼밀과 단단한 리코타치즈로 만들며 약간 굴곡지면서 곱슬곱슬한 모양임
- 과거에는 반죽을 손가락 두께의 긴 롤 형태를 만든 다음 작은 동전 모양으로 잘라 금속도구를 사용해서 수작업으로 만듦
- 근래에는 Cavatelli Maker에 긴 롤 형태로 만든 반죽을 넣어서 간편하게 만들게 됨

Durum flour 450g
Ricotta cheese 450g
Egg 2

① 밀가루를 큰 볼이나 나무작업대에 부어 분화구 모양으로 만들고 그 중앙에 달걀과 리코타치즈를 넣고 포크를 사용하여 잘 혼합한 후 반죽한다.

② 잘 치대어 만든 반죽을 30분 정도 휴지시킨 후, 손가락 두께 정도로 둥글고 길게 말아서 준비한다.

③ 테이블의 가장자리에 Cavatelli Maker를 움직이지 않게 단단히 고정시킨다.

④ 길게 말아놓은 반죽에 밀가루를 넉넉히 뿌리고 기계에 밀어 넣으면서 하나씩 떨어지도록 한다.

⑤ 기계의 틈에서 한 번에 바로 떨어지지 않고 붙어 있다면, 반죽이 너무 두껍거나 반죽이 너무 질은 것이다. 반죽을 다시 치대어 너무 두껍지 않게 길게 말거나 기계에 넣기 전 길게 말아둔 반죽에 밀가루를 더 뿌려주어야 한다.

CHINESE CAT'S EAR NOODLES

· 손을 이용해 작은 귀 모양으로 만든 면의 일종임

· 중국의 항저우 길거리 음식으로 매우 유명함

· 이탈리아의 오르키에테Orecchiette와 모양, 만드는 방법 등이 비슷함

· 작은 정사각형 모양으로 자른 반죽을 엄지와 검지손가락으로 꼬집듯 잡아 틀거나 엄지손가락으로 바닥에서 눌러 말아주는 방법으로 귀 모양의 원뿔형으로 만들어 사용함

Flour 270g
Warm water 70ml
Salt 2g

① 따뜻한 물에 소금을 넣어 완전히 녹인 후 밀가루에 넣고 10분 이상 치대어 반죽을 만든다.

② 잘 치대어 만든 반죽은 글루텐을 안정화시키기 위해 랩에 싸서 1시간 이상 휴지시킨다.

③ 반죽을 얇게 밀어 가로, 세로 1cm 정도의 길이로 잘라 준비하고 위에 살짝 밀가루를 뿌려 준다.

④ 자른 정사각형 반죽을 평평하게 만들고, 엄지손가락을 사용하여 밑쪽에서 가장자리 모서리부분까지 말아지면서 원뿔 모양이 되도록 만든다.

⑤ 오른손잡이를 기준으로 왼쪽에서 오른쪽으로 말아 올려준다.

ORECCHIETTE

- 'Little Ears'라는 뜻을 가진 짧은 파스타임
- 이탈리아어 귀를 의미하는 오레키에Orecchie에 '작다'는 뜻의 에토Etto가 합쳐져서 만들어짐
- Orecchiette는 13세기경 프랑스 남동부 지역 프로방스의 Angevin백작이 이탈리아의 남부의 풀리아 주Puglia와 바실리카타 주Basilicata를 지배했을 때 그 영향으로 이탈리아 남쪽을 시작으로 많은 지역으로 전해지기 시작했다고 함
- 이탈리아의 여러 지역에 유사한 형태의 다른 이름의 파스타들이 있음
- 가운데 부분이 깊숙이 파인 모양을 가진 파스타로 이 작은 귀 모양은 나무로 된 판에서 끌어 문지르는 과정을 통해 주름진 표면을 가지고 있고, 끝부분이 더 두꺼운 둥근 형태를 띠고 있으며, 납작한 파스타로 잘 알려져 있음
- 주로 듀럼밀과 세몰리나에 따뜻한 물과 소금을 넣어 반죽함

Durum flour 170g
Semolina 170g
Warm water 170ml
Salt 2g

① 듀럼밀과 세몰리나가루를 섞어 분화구 모양으로 만들어 천천히 소금을 녹인 따뜻한 물을 넣고 포크로 가루가 잘 섞이도록 저어준 후, 반죽을 접었다가 늘리는 과정을 통해 부드러우면서도 탄력이 생기도록 10분간 치대고 랩으로 싸서 최소 1시간 휴지시킨다.

② 휴지시킨 반죽을 지름 1.2cm 정도의 둥글고 긴 밧줄 모양으로 만들어놓고, 칼을 사용하여 밧줄 모양의 반죽을 약 6mm 두께로 균등하게 자른다.

③ 자른 조각을 하나하나 엄지로 누르면서 끌어서 모양을 내고 뒤집어서 거친 안쪽 표면이 바깥으로 되도록 작은 귀 모양을 만들어 준다.

④ 잘라놓은 조각들을 모두 귀 모양으로 만든 후 세몰리나를 가볍게 뿌려 서로 닿지 않게 유지되도록 해서 들러붙지 않도록 한다. 30분정도 건조시킨 다음 큰 냄비에 소금을 첨가한 끓는 물에 넣고 약 10분간 익혀서 사용한다.

A

B

C

(5) Stuffed Pasta

중국의 군만두, 러시아의 펠미니Pelmeni, 인도의 모닥Modalk 터키의 만티Manti/Mantu, 폴란드의 피에로기Pierogi, 유대인의 크레플락Kreplach, 스웨덴의 피테팔트Pitepalt 그리고 이탈리아의 라비올리Ravioli와 토르텔리Tortelli, 한국의 만두 등이 모두 속을 채워 만든 면요리에 해당하며, 이것들은 전 세계적으로 각 나라에서 불리는 이름만 다를 뿐 사람들의 입맛을 만족시키는 음식임이 분명하다.

라비올리는 여러 가지 재료들과 육류를 뭉쳐 만든 속 재료가 들어간 것으로 아랍으로부터 이탈리아 남쪽의 시칠리아로 전해진 것으로 알려져 있다. 처음에 라비올리는 도우사이에 속재료를 채워 만든 것이라고 알려졌으나, 겉을 감싸던 반죽시트를 사용하지 않고 속재료만으로 만든 Ravioli Gnudi벌거벗은 라비올리도 알려지기 시작했다.

라비올리 만들 때 주의할 점

1. 얇은 반죽시트 속에 속을 채워 넣는 라비올리는 손가락 끝 또는 솔에 물이나 달걀푼 것을 살짝 묻혀 반죽시트를 서로 붙여주어야 한다.
2. 라비올리 만들 때 속재료를 많이 넣으면 맛있겠지만, 부풀어 오르고 터질 수 있으므로 적당히 넣어야 한다.
3. 속재료를 채운 후 붙여야 하는 반죽시트의 가장자리에 속재료가 닿으면, 조리하는 동안 열려서 속재료가 밖으로 나올 수 있다.
4. 반죽시트에 속을 채울 때는 동일 크기의 시트를 2장 만들어서, 한 장에 속을 간격을 띄우고 가지런히 올려놓고 물이나 달걀 푼 것을 바르고 나머지 시트로 덮어야 터지지 않는다.
5. 속을 채우고 모양을 완성한 라비올리의 중앙부분을 이쑤시개로 찔러 아주 미세한 구멍을 만들면, 조리 할 때 터지는 것을 방지할 수 있다.

라비올리 요리방법

1. 폭이 넓은 냄비에 소금을 첨가한 물을 끓이고, 라비올리를 하나씩 넣어 물의 온도가 떨어지지 않도록 해야 한다. 라비올리를 넣을 때 서로 달라붙지 않도록 주의 한다.
2. 라비올리의 크기나 속재료에 따라 3~4분정도 혹은 그 이상 가장자리가 부드러워질 때까지 삶는다. 잘 익었는지 가장자리를 잘라서 확인해 보도록 한다.
3. 구멍이 뚫린 큰 스푼이나 Wire Skimmer를 사용하여 익히고 있는 물에서 물기가 빠지도록 건져내어 준비해 둔 소스에 잘 버무려야 한다.
4. 라비올리 삶은물은 소량의 전분이 있으므로 팬에서 파스타를 조리할 때 농도 조절용으로 사용한다.
5. 라비올리를 삶아내고 소스에 버무리고 하는 과정에서 무엇보다 중요한 것은 터지지 않게 주의하는 것이다.

AGNOLOTTI

- 속을 채워 만든 아뇰로티는 라비올리의 한 종류임
- 이탈리아 북서쪽의 피에몬테 지역의 전통 음식임
- 아뇰로티 달 프린Agnollotti dal plin이라고도 불리는데, 여기에서 프린Plin은 이탈리아어 중 피에몬테 지역어로 '꼬집다'라는 뜻임.
- 반죽에 소를 채워 한쪽을 꼬집어 눌러놓고 직사각형으로 자르는데 꼬집은 부위의 주름에 소스가 충분히 묻음
- 반죽 안에 넣는 소의 재료는 다양한 육류로 만들지만, 경우에 따라 육류가 아닌 잘 다져서 볶아낸 채소류를 소로 사용하기도 함
- 치즈, 버터, 허브 등을 이용해 만든 소스에 버무리거나 스튜나 수프에 넣어서 제공하기도 함

① 속재료에 사용할 채소류는 물기를 제거하고 곱게 다져서 준비한다. 볼에 다져서 준비한 고기와 채소를 넣고 달걀, 치즈, 허브가루, 후추, 소금 등을 넣고 섞어서 준비해둔다.

② 반죽이 달라붙지 않도록 나무작업대에 세몰리나 가루를 뿌려준다.

③ 작업대 위에 얇게 만든 반죽시트를 펴 놓고 속재료를 일정한 간격으로 올려놓은 후 시트에 달걀푼물을 발라 잘 붙을 수 있도록 한다.

④ 시트를 덮고 잘 붙을 수 있도록 손으로 눌러 주면서 한쪽만 꼬집어 주름이 생기도록 한다. 이때 잘 눌러주며 꼬집어야 터지지 않는다.

⑤ 파스타 커터를 이용해 직사각형으로 잘라준다.

⑥ 속을 채운 아뇰로티파스타의 중앙부분을 이쑤시개 끝으로 아주 살짝 찔러 매우 미세한 구멍을 만들어서 파스타를 익힐 때 터지는 것을 방지해 준다.

A

B

C

A-①

B-①

C-①

TORTELLINI

· 이탈리아 북부 볼로냐Bologna와 모데나 Modena 지역에서 만들어지기 시작함

· 이탈리아식 물만두라고도 불림

· 둥근형 반죽의 시트에 속재료를 넣고 초승달모양처럼 만든 후 끝부분을 붙임

· 다진 염지육과 돼지고기, 달걀, 치즈, 허브 가루를 섞은 혼합물로 속을 채움

· Cappelletti : 사각형으로 자른 반죽에 속을 채우고 삼각형 모양이 되도록 접은 다음, 아래 두 꼭짓점을 붙여 만든 것. 완성된 모양이 작은 모자를 닮았다고 붙여진 이름임

① 다진 염지육과 갈은 돼지고기와 빵가루를 볼에 넣고 섞은 후 달걀과 너트맥, 후추, 치즈와 함께 섞어 속재료를 준비한다.

② 반죽의 시트를 5cm정도 원형이나 사각으로 잘라 준비하고, 티스푼을 사용하여 속재료를 중앙에 놓는다. 반죽의 가장자리에 속재료가 묻지 않도록 주의한다.

③ 원형의 모양을 반달 모양이 되도록 반으로 접고, 접합 부위는 달걀물을 발라 터지지 않게 손으로 눌러준다.

④ 반달 모양을 만들고 양끝 부분을 붙여 고리 모양이 되도록 만든다.

⑤ 속을 채우고 모양을 만든 후, 위에 세몰리나 가루를 살짝 뿌려 달라붙는 것을 방지하고, 마르는 것을 방지하기 위해 젖은 타월로 덮어 냉장 보관한다.

PANSOTTI

- 이탈리아 북부 리구리아주의 제노바 전통 파스타임
- PANSOTTI는 big bellies 또는 potbellied의 이탈리아어로 배가 볼록하다는 뜻임
- 루콜라나 시금치의 여린 잎과 허브채소, 치즈, 달걀, 빵가루 등의 혼합물로 속을 채워 삼각형 모양으로 만든 파스타임
- 호두소스 혹은 마늘을 갈아 만든 소스와 함께 제공됨

① 시트를 얇게 밀어 펴서 사각형으로 잘라준다.

② 시트에 준비해둔 속재료를 올리고 시트의 아랫부분 가장자리를 접어 올려 겹쳐 붙여주어 속재료가 새어나오는 것을 방지해 준다.

③ 시트의 면이 너무 건조하다면, 위쪽에 달걀푼물을 발라주어 시트가 서로 잘 붙도록 해준다.

④ 파스타 커터를 사용하여 삼각형 모양이 되도록 자른다.

⑤ 완성된 Pansotti에 세몰리나나 옥수수가루를 살짝 뿌리고 1시간정도 건조시킨 후 마르지 않도록 젖은 타월을 덮어 냉장 보관한다.

CARAMELLE

- 셀로판으로 포장된 캐러멜사탕과 닮아 붙은 이름임
- 으깬 감자, 달걀, 치즈, 빵가루, 소금, 너트맥 등을 섞은 혼합물을 반죽시트 안에 넣어 사탕 모양으로 만드는 파스타임
- 우유에 세이지 잎을 넣고 끓여 응어리지게 한 후 갈색이 되고 고소한 향이 날 때까지 볶아낸 버터소스에 버무려 치즈를 뿌려 완성함

① 파스타 반죽을 얇게 밀어서 펼친 후 6cm정도 크기의 사각형으로 잘라준다.

② 잘라 준비한 시트위에 속재료를 올린 후 밑의 가장자리를 들어 올려 속재료를 감싸며 말아주고 양 옆을 비틀어 모양을 만들어 준다.

③ 속재료가 새어나오지 않도록 잘 말아서 겹치고 양 옆을 꼬집어서 비틀어 준 다음 힘은 주되 뭉개지지 않도록 눌러주어야 한다.

④ 접합된 부분의 시트가 과하게 두꺼워지지 않도록 주의한다.

⑤ 시트의 면이 너무 건조하거나 접착력을 높이고 싶을 때는 접어 올려 말기 전에 시트에 달걀푼물을 바른다.

⑥ 완성된 Caramella에 세몰리나 가루를 살짝 뿌리고 1시간정도 건조시킨 후, 냉장 보관한다.

MANTI

- 우리나라의 여름만두 편수와 모양이 매우 흡사하며 이탈리아에서 사용되는 이 파스타는 크기가 작은 편임
- 터키의 대표적인 만두요리이며 만투Mantu라 불리기도 함
- 과거 유목민들은 양고기나 소고기를 사용하여 만들어서 얼리거나 말린 형태의 Manti를 들고 이동하였고, 모닥불을 이용하여 익혔음
- 갈은 양고기 또는 소고기, 다진 양파, 시나몬, 파슬리, 소금, 후추 등을 넣고 혼합물을 만들어 반죽으로 감싸 모양을 만들어 표면을 살짝 건조시킨 후 사용함. 냉동으로 한 달정도 보관 가능함
- 수프에 넣거나 요거트 또는 사워크림을 곁들이기도 하며 다른 어떤 수프나 소스와도 잘 어울림

① 밀가루, 달걀, 물, 소금으로 반죽한 기본 파스타 반죽을 얇은 시트 형태로 밀어서 펴야 한다.

② 얇게 펼친 시트를 칼이나 Rolling Square Cutter, 또는 피자커터를 사용하여 정사각형 모양으로 잘라준다.

③ 속재료를 작은 공 모양으로 만들어 정사각형 모양의 시트 중앙에 놓는다.

④ 조심스럽게 시트의 양끝을 마주보도록 붙이고 꼭지 중앙에서 서로 만나도록 붙여준 후 단면들을 서로 붙도록 눌러준다.

⑤ 소스는 토마토 페이스트, 소금, 버터를 함께 팬에서 저어가면서 가열하여 부드럽게 섞이도록 만들고 요거트, 마늘, 소금을 따로 섞어 토핑용 소스로 만들어 사용한다.

9) 이탈리아요리의 기본 소스Sauce

발사믹소스

· 이탈리아 전통 발효식초인 발사믹식초는 이탈리아 에밀리아 모데나 지역에서 생산되며 소스로 사용되는 검정색 식초이다. 발사믹식초를 이용해 농도를 걸쭉하게 만들어 사용하는데, 졸일 때 거품이 생기는 것은 지극히 자연적인 현상이며, 졸이는 농도에 유의해야 한다.

발사믹식초 500g
꿀 50g
레몬 1개
계피 1쪽
감초 1쪽
통후추 10개

토마토소스

· 이탈리아를 대표하는 소스로 신선한 토마토의 향과 맛이 충분히 배어나오도록 만들어야 한다. 전통의 이탈리아 토마토소스는 다른 육류나 채소, 특히 토마토 페이스트를 사용하지 않는 것으로 알려져 있다.

토마토 홀 500g
올리브오일 30ml
양파 50g
마늘 1개
바질 2줄기
오레가노 1잎
소금 약간
후추 약간

① 양파와 마늘은 다져 준비한다.

② 토마토 홀은 손으로 으깨거나 거칠게 다져 놓는다.

③ 팬에 오일을 두르고 양파, 마늘 순으로 색이 나지 않게 볶는다.

④ 토마토 홀과 오레가노를 넣고 뭉근하게 천천히 끓인다.

⑤ 채에 걸러 소스로 사용한다.

바질 패스토

· 패스토는 '부수거나 빻다'라는 뜻을 가진 이탈리아어 페스타레Pestare에서 파생된 말이며 올리브오일, 잣, 바질, 치즈 등과 함께 갈아 만든 이탈리아 전통의 걸쭉한 형태의 소스를 말한다.

신선한 바질 100g
잣 30g
파르메산 치즈 30g
엑스트라 버진 올리브오일 50ml

① 바질을 깨끗이 씻은 후 물기를 제거하고 잣과 파르메산 치즈를 준비한다.

② 준비된 재료에 올리브오일을 첨가한다.

③ 핸드믹서기로 준비된 재료를 곱게 갈아낸다.

제노바식 패스토소스

· 제노바식 패스토소스는 이탈리아 파슬리와 바질을 쓴맛이 나지 않게 하기 위해 손절구를 이용해 재료를 으깨서 사용해야 하며, 질 좋은 엑스트라 버진 올리브오일을 사용해야 한다.

이탈리아 파슬리 50g
바질 50g
앤초비 15g
마늘 1개
구운 잣 40g
굵은 소금 3g
엑스트라 버진 올리브오일 300ml
파미지아노 치즈 60g

① 손절구에 마늘, 잣, 소금을 넣고 으깬다.

② 이탈리아 파슬리, 바질, 앤초비를 넣고 매우 곱게 으깬다.

③ 올리브오일과 치즈를 넣고 으깬 다음 준비된 용기에 담아 보관한다.

4. 이탈리아요리의 조리기구

1) 주방도구

Cithara(키타라)
이탈리아 전통 수제 스파게티면 만드는 도구

Gnocchi Board(뇨끼 보드)
Pettine(또는 Comb) 뇨끼 만드는 나무판. 파스타도우의 단면에 울퉁불퉁한 모양을 만들 때 사용

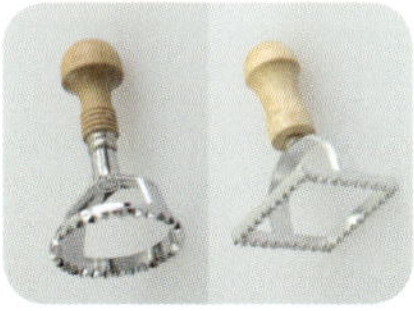

Corzetti(코르제티)
파스타 라비올리 모양 찍는 도구

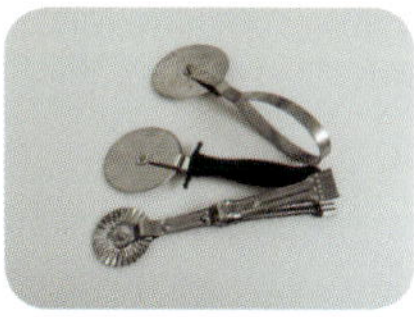

Pasta Cutter(파스타 커터)
파스타 반죽시트를 자를 때 사용

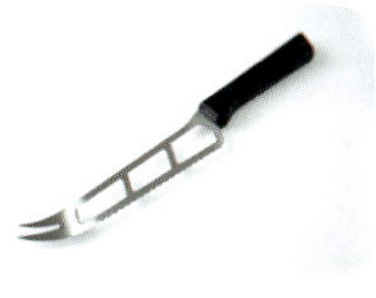

Cheese Knife(치즈 나이프)
치즈를 원하는 크기로 자를 때 사용

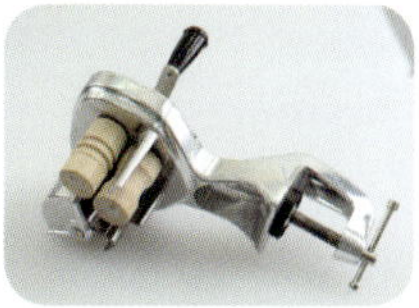

Cavatelli Maker(카바텔리 메이커)
카바텔리 파스타 만드는 기기

Potato Ricer(포테이토 라이서)

삶은 감자를 곱게 으깨기 위해 사용

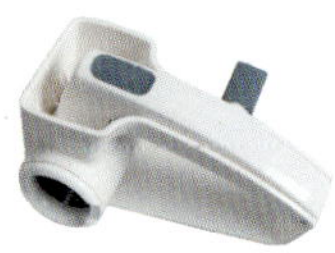

Drum Grater(드럼 그레이터)

단단한 치즈를 갈아낼 때 사용

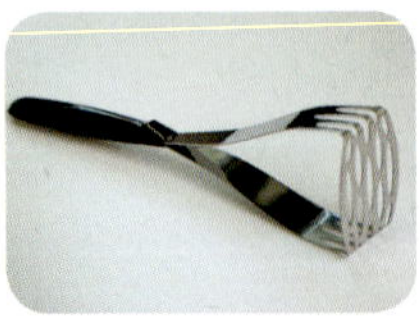

Potato Masher(포테이토 매셔)

감자를 으깰 때 사용

Cheese Grater(치즈 전용 강판)

치즈를 갈아낼 때 사용

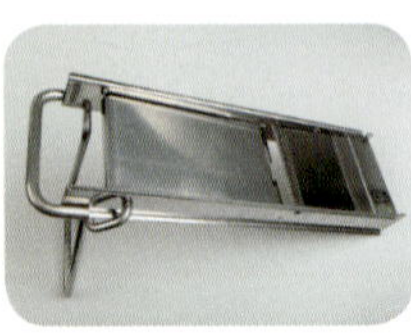

Mandoline(만돌린)

얇게 슬라이스하거나 벌집, 고프레 모양 등으로 잘라낼 때 사용

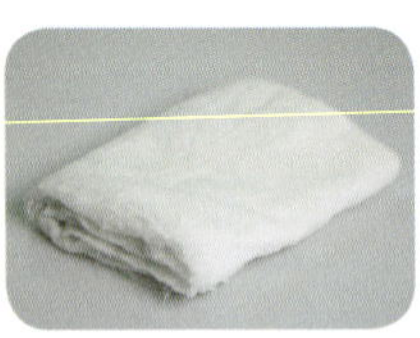

Cheese Cloth(면보)

면반죽의 표면이 마르지 않게 덮어둘 때 사용

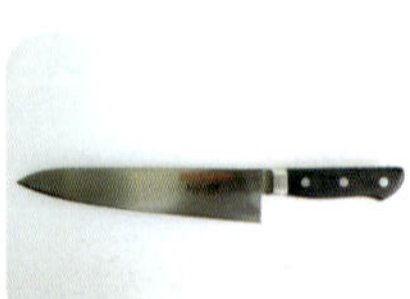

French Knife/Chef's Knife (프렌치 나이프)

주방에서 다양한 용도로 가장 많이 사용하는 칼

Bread Knife(브레드 나이프)

빵을 자를 때 사용하는 칼

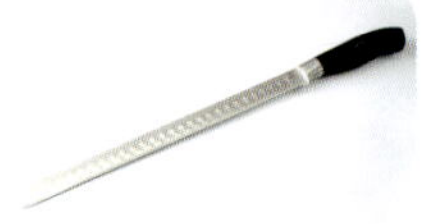

Carving Knife or Slicer (카빙 나이프)

덩어리가 큰 육류나 가름류, 프로슈토, 연어 등을 썰 때 사용

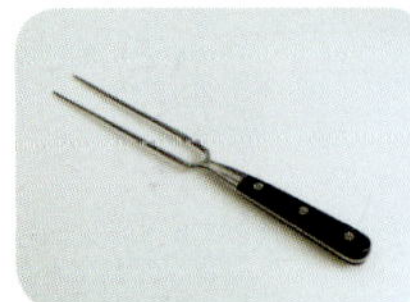

Kitchen Fork(키친 포크)

덩어리 육류를 집을 때 사용(카빙 나이프와 키친 포크를 같이 사용)

Boning Knife(보닝 나이프)

뼈에 붙어 있는 살을 발라내거나 뼈를 분리할 때 사용

Ball Cutter/Parisian Scoop (볼커터)

과일이나 채소류를 둥근 모양으로 잘라낼 때 사용

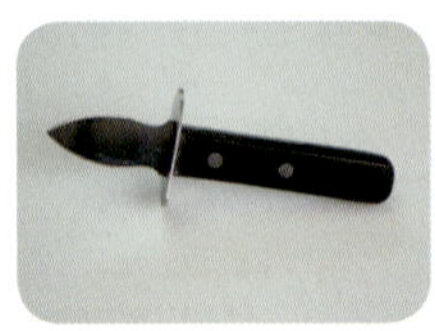

Oyster Knife(오이스터 나이프)

굴껍질을 열 때 사용하거나 조개류를 손질할 때 사용

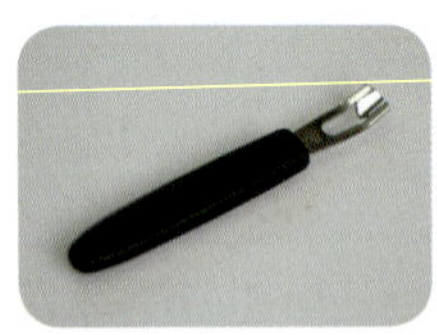

Channel Knife(샤넬 나이프)

채소류에 홈을 파낼 때 사용

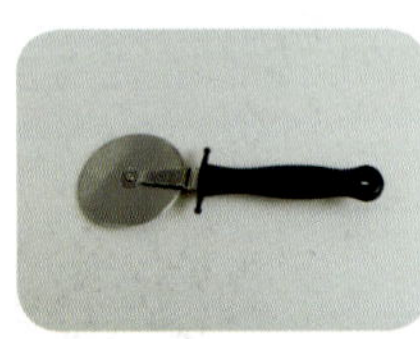

Roll Cutter(롤 커터)

반죽을 자를 때 또는 피자를 자를 때 사용

Zester(제스터)

오렌지류의 껍질을 얇게 벗겨낼 때 사용

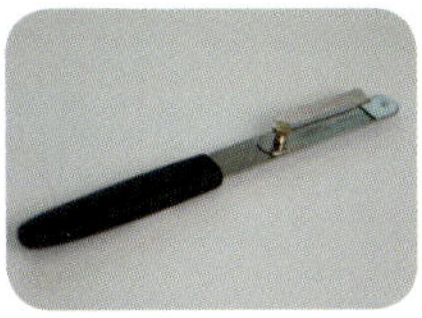

Asparagus Peeler
(아스파라거스 필러)
아스파라거스의 껍질을 얇게 제거할 때 사용

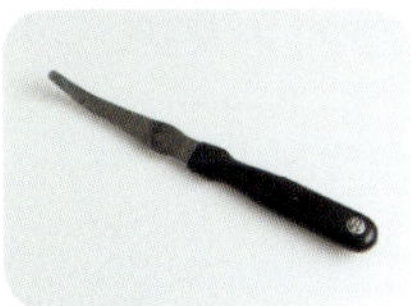

Grapefruits Knife(자몽 나이프)
휘어진 칼날로 자몽의 껍질과 살을 분리할 때 사용

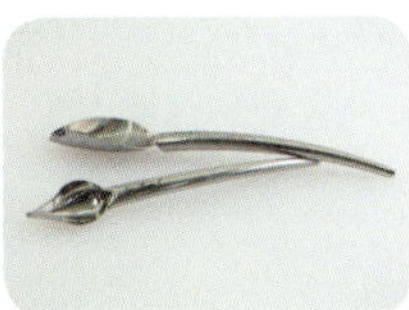

Sauce Spoon(소스 전용 스푼)
소스를 접시에 모양내어 담을 때 사용

Apple Corer(애플 코러)
사과의 씨를 제거할 때 사용

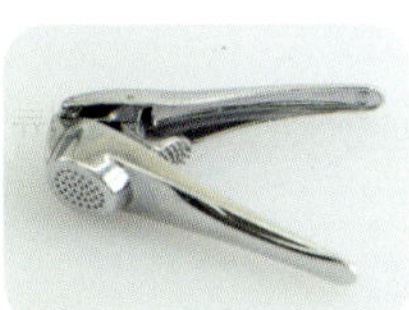

Garlic Press(갈릭 프레스)
마늘을 으깰 때 사용

Wooden Paddle(우든 패들)
나무주걱. 다양한 용도로 사용

Scraper(스크레퍼)
반죽을 자르거나 긁어내는 도구

Soup Strainer(수프 거름망)
불순물을 걸러낼 때 사용

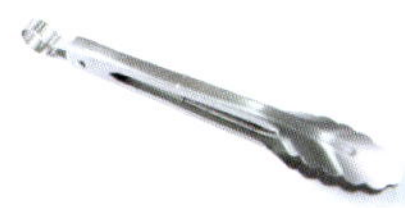

Grill Tong(그릴 텅)
뜨거운 식재료를 잡을 때 사용

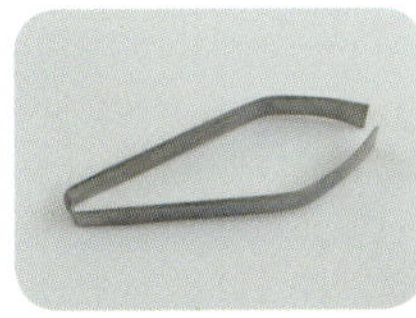

Fish Bone Picker(피시 본 피커)
생선의 잔가시(뼈)를 제거할 때 사용

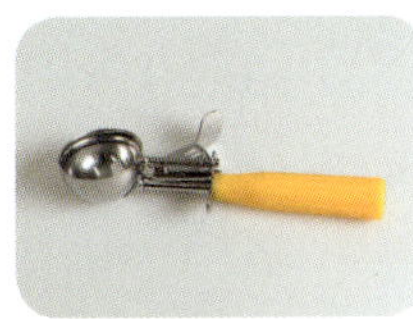

Ice-cream Scoop
(아이스크림 스쿠프)
아이스크림이나 으깬감자 등을 뜰 때 사용

Chef's Torch(쉐프 토치)
음식에 직접 열을 가하거나 표면에 색을 낼 때 사용

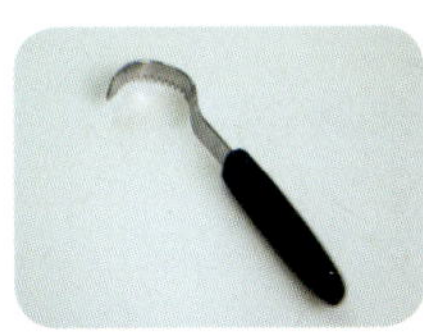

Butter Scraper(버터 스크레이퍼)
버터를 모양내면서 긁어낼 때 사용

Potato Peeler(감자 필러)
감자의 껍질을 벗길 때 사용

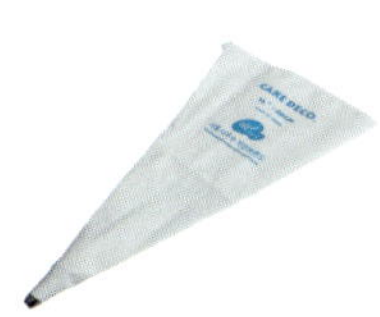

Pastry Bag & Nozzle Set
(패스트리 백과 노즐세트)
크림, 으깬감자 등 부드러운 것을 넣고 모양내어 짤 때 사용

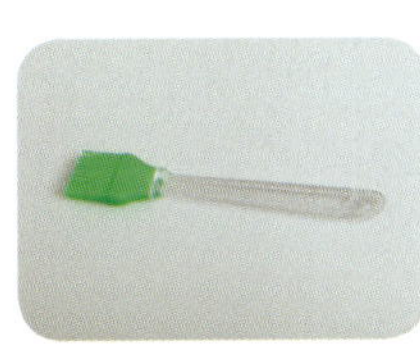

Brush(브러시)
달걀푼물을 도우에 바를 때 사용

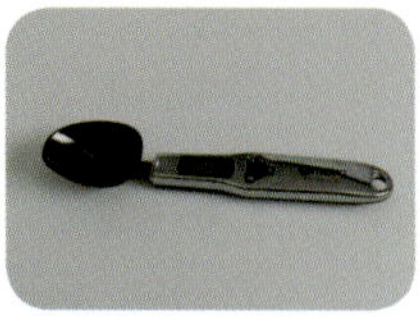

Spoon Scale(스푼 저울)
소량의 가루의 무게를 잴 때 사용

Silicone Baking Sheet
(실리콘 베이킹 시트)
오븐에 구울 때 달라붙지 않게 깔아주는 것

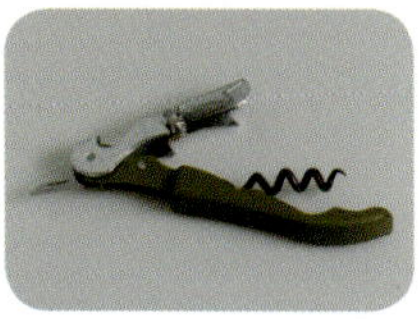

Waiter's Corkscrew
(와인 스크류)
와인병의 코르크를 제거할 때 사용

Orange, Lemon Squeezer
(스퀴저)
레몬의 즙을 짤 때 사용

Straight Spatula
(스트레이트 스패튤러)
크림류를 펴 바를 때 또는 작은 음식들을 옮길 때 사용

Grater(그레이터)
치즈, 과일, 채소 등을 갈 때 사용

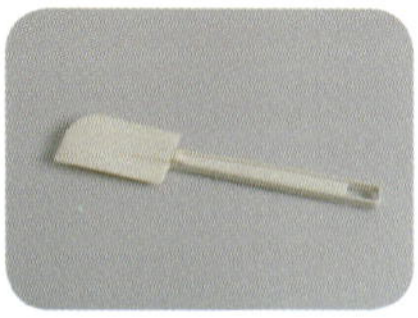

Rubber Spatula(러버 스패튤러)
음식물을 섞어주거나 용기에 묻은 것을 모을 때 사용

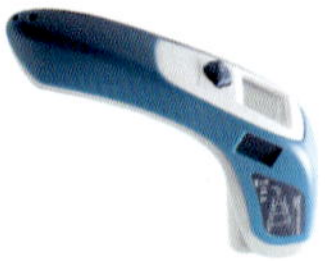

Infrared Thermometer
(적외선 온도계)
온도를 적외선으로 측정

Tweezevs(피넷)
음식을 섬세하게 담을 때 사용

Electron Scale(일렉트론 스케일)
중량을 잴 때 사용

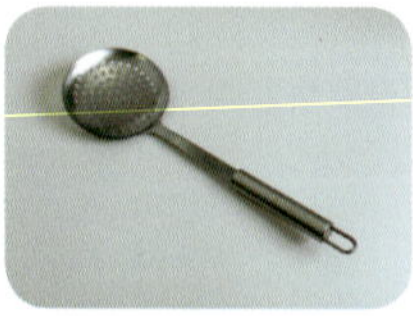

Mesh Skimmer(메시 스키머)
음식물을 건져낼 때 사용

Pizza Pan(피자팬)
피자를 구울 때 사용

Skimmer(스키머)
음식물을 건져낼 때 사용

Pastry Tools(패스트리 툴)
반죽에 모양을 낼 때 사용

2) 주방기기

Pizza Stove(피자 스토브/화덕)

Pasta Machinery
(파스타 머시너리)

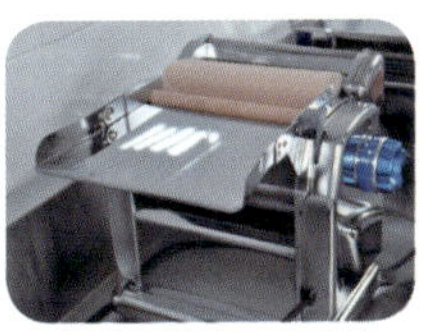

Pasta Noodle Machinery
(파스타 누들 머시너리)
전동식

Pasta Noodle Machinery
(파스타 누들 머시너리)
수동식

Bakery Oven(베이커리 오븐)

Convection Oven(컨벡션 오븐)

Cooling Box(쿨링 박스)

Hand Blender(핸드 블렌더)

Food Chopper(푸드 차퍼)

Flour Mixer(플라워 믹서)

Food Blender(푸드 블렌더)

Deep Fryer(딥 프라이어)

Food Warmer(푸드 워머)

Steam Kettle(스팀 케틀)

Grill(그릴)

Slicer(슬라이서)

Griddle(그리들)

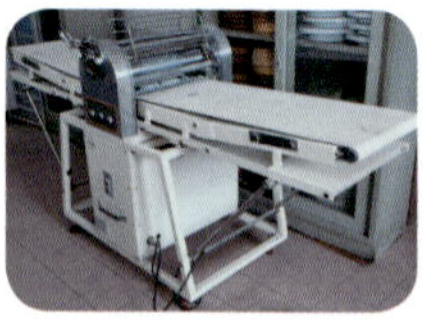

Pastry Roller(패스트리 롤러)

Ice Machine(아이스 머신)

Salamander(샐러맨더)

Sherbet Machinery
(셔벳 머시너리)

Smoker(스모커)

ITALIANA CUCINA

02 Part

이탈리아요리 실무

Bruschetta con Tartufo

Bruschetta with Truffle

트러플을 곁들인 브루스게따

INGREDIENTS

Baguette 50g Mushroom 30g Truffle 5g
Truffle Oil 5ml Basil 2g Olive Oil 30ml
Salt some Pepper some

METHOD OF COOKING

1. 바게트를 1.5cm 두께로 어슷하게 잘라 올리브오일, 소금, 후추를 뿌려 오븐에서 색이 나도록 구워놓는다.
2. 양송이버섯은 슬라이스로 얇게 썰어 오일을 두른 팬에 볶는다.
3. 볶은 양송이에 소금, 후추를 넣어주고 덜어내어 식혀놓는다.
4. 식힌 양송이와 트러플, 자른 바질, 트러플 오일을 섞어 준비한다.
5. 바게트 위에 만들어 놓은 재료를 올려서 접시에 보기 좋게 담아낸다.
6. 가벼운 간식이나 식사로 이용되는 브루스게따는 빵에 버터나 소스를 바르고 그 위에 준비된 재료를 올려 이용한다.

Bruschetta con Basilico e Pomodoro

Bruschetta with Basil and Tomato

바질과 토마토 브루스게따

INGREDIENTS

Baguette 50g Cherry Tomato 30g
Mozzarella Cheese 40g Basil 1g Olive Oil 30ml
Salt some Pepper some

METHOD OF COOKING

1. 바게트를 1.5cm 두께로 잘라 올리브오일, 소금, 후추를 뿌려 오븐에서 색이 나도록 굽거나 팬에서 색이 나도록 굽는다.
2. 체리토마토와 후레쉬 모차렐라 치즈는 슬라이스로 썰어 준비한다.
3. 바게트빵 위에 치즈, 체리토마토를 순서대로 올려 접시에 보기 좋게 담아낸다.
4. 바질은 잎이 큰 것보다는 끝부분 작은 모양이 장식하기에 적당하다.
5. 서브직전 바질페스토와 발사믹소스를 곁들인다.

Profonda Calamari Fritti con Salsa di Pomodoro

Deep Fried Calamari with Tomato Sauce

토마토소스를 곁들인 깔라마리 튀김

INGREDIENTS

Calamari 150g Flour 50g Garlic 10g
Parmesan Cheese 50g Salad Oil 500ml Italian Parsley 2g
Dill 2g Tomato Sauce 100ml Balsamic Sauce 30ml
Salt some Pepper some

METHOD OF COOKING

1. 깔라마리는 지중해 지역의 오징어요리로 오징어에 달걀과 마늘, 허브 등을 입혀 튀겨낸 음식이다.
2. 깔라마리 오징어를 깨끗하게 손질하고, 소금에 문질러 씻은 후 물기를 제거한다.
3. 물기를 제거한 오징어에 밀가루를 살짝 묻혀둔다.
4. 믹싱볼에 밀가루, 파마산치즈, 이탈리아파슬리, 소금, 후추, 찬물을 섞어 튀김반죽을 준비한다.
5. 깔라마리를 준비된 반죽을 묻혀 170°C 기름에 노릇노릇하게 튀겨낸다.
6. 준비된 접시에 토마토소스를 깔고 튀긴 깔라마리를 담아낸다.
7. 생선에 어울리는 허브를 올려 장식한다.
8. 접시 한쪽에 발사믹소스를 소량 뿌려 장식한다.
9. 토마토소스는 토마토와 토마토홀 마늘 다진 것, 양파, 바질, 소금, 후추를 넣고 냄비에서 끓여 만든다.

Cozze al Vapore con Zafferano

Steamed Mussels with Saffron

사프란 홍합찜

INGREDIENTS

Mussel 100g Onion 50g Garlic 30g White Wine 70ml
Saffron 1g Gelatin 5g Majoram 2g Cream 100ml
Olive Oil 50ml Salt some Pepper some

METHOD OF COOKING

1. 팬에 오일을 두르고 마늘, 양파를 볶다가 손질된 홍합, 소금, 후추를 넣고 볶아준다.
2. 센불에서 화이트와인을 넣고 한소끔 끓여 알코올을 날리면서 홍합을 찐다.
3. 쪄낸 홍합에서 나온 육수에 샤프란을 넣고 크림과 소량의 치즈를 넣어 노란색 샤프란소스를 만들어놓는다.
4. 익힌 홍합은 한쪽껍질을 제거하여 접시에 보기 좋게 담고 샤프란소스를 끼얹어준다.
5. 홍합 육수에 젤라틴을 넣고 식혀 젤리를 만들어놓는다.
6. 준비된 접시에 홍합을 담고 마조람으로 장식한다.
7. 식힌 젤라틴을 모양 있게 썰어 올려낸다.

Gambero con Caponata

Shrimp with Caponata

새우와 채소 카포나타

INGREDIENTS

Shrimp 100g Squash 30g Eggplant 30g Paprika 20g
Tomato 30g Onion 20g Garlic 10 Basil 1g Herb 1g
Olive Oil 50ml Salt some Pepper some
Basil Pesto 30g

METHOD OF COOKING

1. 호박, 가지, 파프리카, 토마토를 스몰다이스 형태의 같은 크기로 썰어 준비한다.
2. 마늘, 양파도 같은 크기로 썰어 준비한다.
3. 올리브오일을 두른 팬에 마늘, 양파를 볶다가 호박, 가지, 파프리카, 토마토 콩카세 순으로 볶다가 자른 바질과 소금, 후추로 간하여 식힌다.
4. 오일을 두른 팬에 내장을 제거한 새우를 구우면서 소금, 후추를 넣고 딜을 첨가하여 향을 입힌다.
5. 새우를 팬에서 익히면서 화이트와인을 첨가한다.
6. 접시에 사각 틀을 올리고 카포나타를 담아낸다.
7. 카포나타를 담고 익힌 새우를 위에 올려준다.
8. 바질과 올리브오일, 잣을 넣고 믹서기에 갈아 바질패스토를 만든다.
9. 접시에 담고 바질패스토와 허브를 올려 장식한다.

Gravlax Salmone con Limone ed Erbe

Salmon Gravlax Marinated in Lemon and Herbs

레몬과 허브에 절인 연어 그라브락스

INGREDIENTS

Salmon Fillet 150g Sugar 100g Salt 50g
Crush Pepper 10g Pink Pepper 5g Lemon Zest 10g
Dill 5g Fennel Seed 3g Caper 2g
Lemon 30g Caper 5g Salt some epper some

METHOD OF COOKING

1. 믹싱볼에 설탕, 소금, 통후추, 핑크페퍼, 레몬 제스트, 딜, 펜넬씨드를 섞어 시즈닝을 만들어놓는다.
2. 손질된 연어에 만들어놓은 그라브락스 시즈닝으로 골고루 덮어 18시간 이상 냉장숙성시킨다.
3. 숙성된 연어는 시즈닝을 걷어내고 흐르는 물에 씻어 키친타월로 물기를 닦아낸다.
4. 물기를 제거한 연어에 만들어놓은 시즈닝을 골고루 입혀 1시간정도 냉장고에 넣어 숙성시킨다.
5. 숙성된 연어를 꺼내 시즈닝이 떨어지지 않도록 카빙나이프 또는 연어나이프로 슬라이스하여 놓는다.
6. 준비된 접시에 담아내고 케이퍼, 레몬, 새싹이나 허브를 곁들인다.

Carpaccio di Manzo con Rucola e Salsa Balsamica

Beef Carpaccio with Rucola and Balsamic Sauce

루꼴라와 소고기 카르파치오

INGREDIENTS

Beef Tenderloin 80g Rucola 50g Cherry Tomato 30g
Black Olive 10g Lemon Juice 5ml
Parmesan Cheese 10g Olive Oil 50ml
Salt some Pepper some

METHOD OF COOKING

1. 지방과 근육을 손질한 안심을 지름 6~7cm정도 원형으로 만들어 랩으로 말아 냉동시켜 준비한다.
2. 루꼴라는 지중해와 이탈리아에서 많이 사용하는 채소이며 프랑스어로 로케트(Roquette), 영어로는 아라굴라(Arugula)라고 하며 찬물에 넣어 싱싱하게 한 후 물기를 제거하고 사용한다.
3. 체리토마토와 블랙올리브는 슬라이스한다.
4. 얼린 안심을 슬라이스 기계로 얇게 슬라이스하여 준비한다.
5. 접시를 준비하고 안심 위에 소금, 후추, 레몬주스, 올리브오일, 루꼴라를 올리고 체리토마토, 올리브를 곁들인다.
6. 파미지아노치즈를 치즈 강판에 갈아 준비한다.
7. 접시에 담고 소량의 발사믹소스를 뿌려 완성한다.

Sea Fresh Orate Tartare

Fresh Sea Bream Tartar

신선한 도미 타르타르

INGREDIENTS

Sea Bream 100g Red Onion 5g Paprika(Red) 3g
Paprika(Yellow) 3g Paprika(Green) 3g Tomato 20g
Lemon Juice 10ml Dill 1g Chive 2g Basil Oil 5ml
Olive Oil 50ml Salt some Pepper some

METHOD OF COOKING

1. 도미는 깨끗하게 손질하여 필렛으로 준비하여 냉장고에 넣어 30분정도 숙성시킨다.
2. 붉은 양파, 파프리카(청색, 빨강, 노랑)는 작은 주사위 모양의 브루노와즈로 자르고, 토마토는 콩카세로 썰어 준비한다.
3. 숙성된 도미는 작은 주사위 모양의 브루노와즈로 자르고 2.의 채소와 소금, 후추, 레몬주스, 올리브오일, 딜, 차이브를 넣고 버무린다.
4. 원형 몰드에 양념된 도미를 채우고 접시에서 무너지지 않게 내용물을 빼낸다.
5. 준비된 접시에 타르타르를 올리거나 접시에 몰드를 올려 타르타르를 담고 몰드를 제거한다.
6. 토마토 콩카세와 바질오일을 곁들인다.
7. 장식으로 딜과 작은 허브, 바질오일을 곁들여 완성한다.

Alla Griglia Mare
Capasanta con Rucola

Grilled Sea Scallop with Rucola

루꼴라와 그릴 관자구이

INGREDIENTS

Scallop 90g Rucola 20g Dill 2g Lemon 1ea Honey 20g
Tomato 30g Herb 2g Parmesan Cheese 20g Olive Oil 50ml
Salt some Pepper some

METHOD OF COOKING

1. 신선한 관자는 껍질을 제거하여 소금, 후추, 딜, 올리브오일로 마리네이드한다.
2. 루꼴라는 찬물에 넣어 싱싱하게 한 후 물기를 제거해 준비한다.
3. 준비된 관자를 석쇠에 격자 모양이 나도록 앞뒤를 굽는다.
4. 루꼴라는 레몬주스, 꿀, 올리브오일, 소금, 후추로 간하여 버무리듯이 준비한다.
5. 파미지아노 치즈를 강판에 갈아 준비하고 프라이팬에 올려 열을 가해 치즈 튀일로 만들어 모양 있게 잘라 준비한다.
6. 접시에 루꼴라를 담고 그 위에 구운 관자를 올리고 레몬 제스트, 토마토 콩카세, 치즈 튀일을 올려 곁들인다.
7. 허브나 새싹을 올려 완성한다.

Formaggio di Capra Insalata con Bianco Condimento Balsamico

Goat Cheese Salad with White Balsamic Dressing

고트치즈 샐러드와 화이트발사믹 드레싱

INGREDIENTS

Goat Cheese 80g Rucola 50g Cherry Tomato 30g
White Balsamic Vinegar 70ml Honey 30g
Parmesan Cheese 20g Olive Oil 50ml
Salt some Pepper some

METHOD OF COOKING

1. 루꼴라와 준비된 모든 채소는 찬물에 넣어 싱싱하게 한 후 물기를 제거한다.
2. 고트치즈는 다이스 형태로 썰어 준비하고 체리토마토는 슬라이스하거나 웨지 형태로 잘라놓는다.
3. 화이트 발사믹식초, 꿀, 올리브오일, 소금, 후추를 섞어 드레싱을 준비한다.
4. 믹싱볼에 루꼴라, 체리토마토를 넣고 준비된 드레싱으로 버무린다.
5. 준비된 접시에 보기 좋게 담아서 고트치즈를 곁들이고 파마산치즈를 뿌려 완성한다.

Funghi Arancini con Amatriciana

Mushroom Arancini with Amatriciana Sauce

아마트리치아나 소스와 양송이 아란치니

INGREDIENTS

Mushroom 70g Carrot 30g Broccoli 30g Rice 80g
Parmesan Cheese 20g Butter 30g Italian Parsley 1g
Flour 10g Egg 1ea Bread Crumb 50g Basil 2g
Olive Oil 200ml Salt some Pepper some
Amatriciana Sauce 70ml

METHOD OF COOKING

1. 이탈리아 시칠리아 지역에서 유래된 아란치니(Arancini)는 주먹밥 모양의 형태로 빵가루를 입혀 튀기거나 구운 요리의 형식이다. 소로 사용하는 재료는 치즈, 토마토소스, 밥이나 쌀 등으로 다양하다.
2. 양송이버섯, 당근, 브로콜리는 잘게 잘라서 오일을 두른 팬에서 소금, 후추를 넣고 볶아 준비한다.
3. 불린 쌀을 육수에 익혀서 뜨거울 때 파마산치즈, 버터, 이태리파슬리, 소금, 후추를 넣고 골고루 섞어 준비된 채소와 버무린다.
4. 2와 3을 섞어 동그랗게 만들고 밀가루, 달걀, 빵가루를 묻혀 160℃ 기름에 노릇노릇하게 튀긴다.
5. 접시에 아마트리치아나 소스를 깔고 아란치니를 올린다.
6. 장식으로 튀긴 바질을 곁들인다.

Primavera Frittata con Prosciutto di Parma e Spinaci

Primabera Frittata with Parma Ham and Spinach

파마햄과 시금치를 곁들인 프리타타

INGREDIENTS

Egg 3ea Parma Ham 30g Spinach 60g Garlic 10g
Onion 10g Cream 30ml Parmesan Cheese 50g
Butter 30g Rucola 10g Salt some Pepper some
Balsamic Sauce 10g

METHOD OF COOKING

1. 둥근 모양의 프리타타는 달걀과 다른 식재료들을 혼합해 만드는 이탈리아식 오믈렛이다.
2. 시금치와 파르마햄은 길이로 길게 준비한다.
3. 마늘과 양파는 잘게 잘라 준비한다.
4. 팬에 오일을 두르고 마늘, 양파를 볶다가 데친 시금치, 파마햄, 소금, 후추를 넣고 섞어 준비한다.
5. 볼에 달걀을 풀어 생크림, 파마산치즈, 소금, 후추를 넣어 버터 바른 오븐팬에 얇게 부어 오븐에 굽는다.
6. 랩을 깔고 부드럽게 익은 상태의 달걀을 놓고 시금치와 파마햄을 넓게 펴서 돌돌 말아 모양을 고정시켜 준다.
7. 식은 프리타타 롤을 모양 있게 잘라서 접시에 보기 좋게 담고 루꼴라와 발사믹소스를 곁들여 완성한다.

Caesar Salad con Crostini e Pancetta

Caesar Salad with Toast and Bacon

베이컨과 크루통 곁들인 시저샐러드

INGREDIENTS

Romaine Lettuce 200g Bacon 70g Bread 50g
Egg yolk 1ea Garlic 10g Parmesan Cheese 70g
Anchovy 30g Pommery Mustard 20g
Lemon Juice 20ml White Wine Vinegar 10ml
Salt some Pepper some

METHOD OF COOKING

1. 시저샐러드에는 주로 로메인상추를 사용하며 다른 상추와 같이 곁들이는 것도 가능하다.
2. 로메인상추는 찬물에 넣어 싱싱하게 한 후 물기를 제거하고 한 입 크기로 잘라 준비한다.
3. 베이컨을 잘게 잘라 팬에 구운 후 기름을 제거하여 준비한다.
4. 달걀노른자에 올리브오일을 조금씩 넣어가며 유화를 시키고 다진마늘, 파마산치즈, 엔초비, 씨겨자, 레몬주스, 화이트와인 식초, 소금, 후추를 넣어 시저 드레싱을 만든다.
5. 볼에 로메인상추를 담고 준비한 드레싱에 넣어 버무려준비한다.
6. 구운 베이컨과 크루통, 파마산치즈를 곁들인다.
7. 엔초비는 곱게 다져서 사용해도 되지만 잔가시가 있을 수 있어 고운 채에 내려 이물질을 걸러내고 사용해야 한다.
8. 모든 재료를 볼에 넣고 준비된 드레싱을 넣어 버무린다.
9. 접시에 로메인상추를 먼저 담고 크루통과 베이컨, 치즈를 위에 뿌려 완성한다.

Insalata Caprese con Basilico

Caprese Salad with Basil

바질을 곁들인 토마토와 모차렐라 카프레제

INGREDIENTS

Tomato 150g Mozzarella Cow 120g Basil 1g
Olive Oil 30ml Salt some Pepper some
Basil Pesto 20ml Balsamic Sauce 20ml

METHOD OF COOKING

1. 토마토는 칼집을 내어 끓는물에 살짝 데치고 찬물에 식힌 후 껍질을 벗겨서 슬라이스 또는 동그랗게 자른다.
2. 후레쉬 모차렐라는 둥글게 슬라이스나 웨이지 형태로 잘라놓는다.
3. 접시에 토마토, 후레쉬 모차렐라 순으로 모양 있게 담고 사이에 바질을 끼워준 다음 올리브오일을 조금 뿌린다.
4. 바질 페스토는 후레쉬 바질에 올리브오일, 구운 잣을 넣어 믹서로 갈아 거칠게 준비한다.
5. 발사믹소스를 꿀과 계피를 넣고 졸여 접시에 곁들인다.
6. 준비된 재료를 접시에 각각 하나씩 담아 완성한다.
7. 카프레제는 이탈리아 카프리섬의 지명에서 유래되었으며, 카프리 스타일의 샐러드를 의미한다. 토마토와 모차렐라 치즈, 바질을 사용해 만든 샐러드이다.

Panzanella con Oliva Nera

Panzanella Salad with Black Olive

블랙 올리브와 판자넬라 샐러드

INGREDIENTS

Bread 100g Melted Butter 50ml Parmesan Cheese 30g
Italian Parsley 2g Tomato 50g Paprika 30g
Red Onion 30g Black Olive 20g Basil 1g Almond 10g
White Wine Vinegar 10ml Olive Oil 30ml
Salt some Pepper some

METHOD OF COOKING

1. 빵은 먹기 좋은 크기로 잘라 바삭하게 구워 정제버터, 파마산치즈, 이태리파슬리를 넣고 버무려준다.
2. 토마토와 채소는 먹기 좋은 크기로 잘라놓는다.
3. 아몬드는 슬라이스로 썰어 오븐에서 구워 준비한다.
4. 블랙 올리브에는 수분을 함유하고 있으므로 수분이 없어질 정도로 오븐에서 약하게 구워 준비한다.
5. 믹싱볼에 올리브오일, 마늘, 허브, 와인식초, 소금, 후추를 넣어 드레싱을 만든다.
6. 준비된 채소는 드레싱에 버무려 접시에 담아내고 크루통, 견과류, 구운 올리브를 곁들인다.
7. 접시에 담고 장식으로 바질이나 어린잎을 올려 완성한다.
8. 판자넬라는 이탈리아 토스카나 지역에서 많이 사용되는데, 빵과 토마토를 주재료로 만든 샐러드이며 양파와 바질을 곁들여 만들기도 한다.

Prosciutto con Melone

Prosciutto Ham with Musk Melon(Jambon Melon)

프로슈토 햄과 멜론

INGREDIENTS

Prosciutto Ham 50g Musk Melon 150g
Balsamic Sauce 30ml

METHOD OF COOKING

1. 장봉(Jambon)은 돼지나 가금류의 다리로 만든 햄을 말하는데, 염장을 하기 때문에 주로 달콤한 과일과 같이 곁들인다.
2. 머스크멜론은 먹기 좋은 크기로 길게 잘라 밑에 끝부분을 일부 남기고 칼집을 넣어 준비한다.
3. 프로슈토 햄을 얇게 슬라이스해서 멜론에 올려 접시에 보기 좋게 담는다.
4. 발사믹소스를 곁들인다.
5. 장식으로 비트 순을 곁들여 완성한다.

Alla Griglia Fungo Selvaggio con Calce Spogliatoio

Grilled Wild Mushroom with Lime Dressing

구운 야생버섯과 라임드레싱

INGREDIENTS

Assorted Wild Mushroom 150g Lime Juice 70ml
Honey 30g White Wine Vinegar 10ml Micro Leaves 10g
Cherry Tomato 20g Olive Oil 30ml Salt some
Pepper some Balsamic Sauce 20g

METHOD OF COOKING

1. 포치니버섯, 초고버섯, 양송이버섯, 표고버섯을 손질하여 씻어 준비한다.
2. 오일을 두른 팬에 느타리버섯, 초고버섯, 양송이버섯, 표고버섯, 소금, 후추를 넣고 구워낸다.
3. 믹싱볼에 라임주스, 꿀, 올리브오일, 와인식초, 소금, 후추를 넣고 라임 드레싱을 만들어 준비한다.
4. 접시에 어린채소를 깔고 구운 버섯을 놓고 라임 드레싱을 끼얹는다.
5. 체리토마토는 칼집을 넣어 끓는물에 데쳐 곁들임으로 준비한다.
6. 준비된 접시에 버섯을 담고 발사믹소스를 곁들여 완성한다.

Assortire Insalata di Mare

Assorted Seafood Salad

해산물 샐러드

INGREDIENTS

Calamari 40g Octopus 40g Scallop 40g Shrimp 40g
Lemon Juice 70ml Dill 1g Mustard 20g Chive 1g
White Wine Vinegar 10ml Olive Oil 30ml
Salt some Pepper some

METHOD OF COOKING

1. 화이트와인, 레몬주스, 파슬리줄기, 통후추, 월계수잎을 넣어 해산물을 데칠 수 있는 육수를 준비한다.
2. 준비된 육수에 오징어, 문어, 관자, 새우를 넣고 살짝 데쳐서 올리브오일을 발라 마르지 않게 준비한다.
3. 볼에 머스타드, 딜, 올리브오일, 와인식초, 소금, 후추를 넣고 섞어 머스타드 소스를 준비한다.
4. 준비된 소스에 데친 해산물을 버무려 접시에 보기 좋게 담아낸다.
5. 차이브를 곁들여 완성한다.

Insalata di Melanzane Alla Griglia

Grilled Eggplant Salad
구운 가지 샐러드

INGREDIENTS

Eggplant 100g Italian Parsley 1g Basil 1g
Sage 1g Garlic 20g Red Wine Vinegar 30ml
Olive Oil 50ml Salt some Pepper some

METHOD OF COOKING

1. 가지는 1cm 두께로 어슷하게 썬 다음 소금을 뿌려놓고, 파슬리, 바질, 세이지, 마늘을 곱게 다져 준비한다.
2. 소금을 뿌린 가지는 페이퍼타월에 물기를 제거한 다음, 팬에 오일을 둘러 갈색이 나게 구운 다음 다시 페이퍼타월에 건져 기름과 물기를 제거한다.
3. 가지를 믹싱볼에 담고 다진 파슬리, 바질, 세이지, 마늘을 넣어 혼합하고 와인식초, 소금, 후추를 넣는다.
4. 통마늘은 팬에서 익혀 속이 잘 익도록 갈색으로 색을 내면서 익혀 준비한다.
5. 토마토는 웨지 형태로 썰어 오븐에서 구워 준비한다.
6. 접시에 담아 구운 가지 샐러드로 사용해도 좋고, 다른 요리의 곁들임으로도 사용이 가능하다.

Sicilia Caponata

Sicily Caponata
시칠리아식 카포나타

INGREDIENTS

Eggplant 100g Celery 50g Onion 50g Tomato 50g
Basil 1g Green Olive 30g Caper 10g
White Wine Vinegar 10ml Olive Oil 50ml
Sugar some Salt some Pepper some

METHOD OF COOKING

1. 이탈리아 시칠리아 지역의 채소 요리인 카포나타는 튀긴 가지에 파프리카, 셀러리, 그린올리브, 토마토, 양파, 케이퍼 등을 곁들인다.
2. 가지는 1.5cm 정도의 사각으로 썰어서 소금을 뿌려 1시간정도 절인 후 물기를 빼 냉수에 씻은 다음 키친타월로 물기를 말려 준비한다.
3. 셀러리와 적양파는 깨끗이 씻어 3~4cm 길이로 잘라놓는다.
4. 토마토는 다져 준비하고 올리브는 반으로 잘라 준비한다.
5. 팬에 오일을 두르고 양파를 볶다가 셀러리를 넣고 파랗게 볶아지면 설탕, 소금, 후추로 간을 하고 다진 토마토와 올리브, 케이퍼를 넣고 저으면서 15분정도 은근하게 끓인다.
6. 팬에 오일을 두르고 가지를 골고루 갈색이 나도록 구운 다음 페이퍼 타월에 건져 기름기를 제거한다.
7. 기름기를 제거한 가지는 4.와 섞고 화이트와인 식초를 넣어 촉촉하게 한 다음 15분정도 은근하게 끓이면서 소금, 후추로 간을 맞추고 셀러리와 바질을 썰어 넣고 준비한다.
8. 블랙올리브를 잘게 다져 오븐에서 구워 접시에 담은 음식 위에 뿌려낸다.
9. 준비된 재료를 접시에 담고 차이브 다진 것과 처빌을 장식으로 올려 완성한다.

Insalata Bocconcini di Pomodoro

Bocconcini Tomato Salad
보코치니 토마토 샐러드

INGREDIENTS

Tomato 150g Bocconchini Mozzarella Cow 120g
Basil 1g Olive Oil 30ml Salt some Pepper some
Basil Pesto 20ml Balsamic Sauce 20ml

METHOD OF COOKING

1. 토마토는 칼집을 내어 끓는물에 살짝 데치고 찬물에 식힌 후 껍질을 벗겨서 준비한다.
2. 보코치니 모차렐라치즈는 둥글게 잘라놓는다.(둥글게 만들어 유통되는 제품도 사용 가능)
3. 노란토마토를 같은 방법으로 껍질을 제거해 준비한다.
4. 믹싱볼에 준비된 재료를 넣고 올리브오일과 소금, 후추로 버무려 준비한다.
5. 준비된 접시에 모양 있게 담고 바질 페스토와 발사믹소스를 곁들여 완성한다.

Trenette Assortiti con Fagioli e Basilico Pesto

Trenette with Assorted Beans and Basil Pesto

여러 가지 콩을 곁들인 트레네테와 바질 페스토

INGREDIENTS

Pasta(Trenette) 100g Garlic 20g Olive Oil 50ml
White Wine 20ml Rucola 5g Kidney Beans 10g
Chicks Peas 10g Basil 20g Pine Nut 3g
Parmesan Cheese 7g Chicken Stock 70ml
Salt some Pepper some

METHOD OF COOKING

1. 휴지시킨 반죽을 트레네테생면으로 만들어 소금을 넣은 끓는물에 1분 30초~2분정도 삶아 건져놓는다.
2. 바질, 구운 잣, 파르메산치즈, 올리브오일, 소금, 후추를 믹서에 넣고 갈아서 페스토를 만들어 준비한다.
3. 오일을 두른 팬에 마늘을 볶다가 준비된 콩과 소금, 후추 순으로 넣어가며 볶는다.
4. 화이트와인을 넣고 센불에서 한소끔 끓여 알코올을 날리면서 준비된 육수나 면수를 넣는다.
5. 트레네테면을 넣고 볶다가 바질 페스토를 넣고 버무려준다.
6. 소금, 후추로 간을 더하여 접시에 담아낸다.
7. 루꼴라를 장식으로 올려 완성한다.

Maccheroncini con Parmigiano e Panna

Maccheroncini with Parmesan Cheese and Cream

파마산치즈와 크림을 넣은 마케론치니

INGREDIENTS

Pasta(Maccheroncini) 100g Garlic 10g Olive Oil 30ml
White Wine 20ml Fresh Cream 100ml
Green Beans 50g Black Olive 5g Paprika 10g
Parmesan Cheese 7g Chicken Stock 70ml
Salt some Pepper some

METHOD OF COOKING

1. 휴지시킨 반죽을 마케론치니생면으로 만들어 소금을 넣은 끓는물에 1분 30초~2분정도 삶아 건져놓는다.
2. 파프리카는 구워서 껍질을 벗겨 썰어 준비한다.
3. 오일을 두른 팬에 마늘을 볶다가 블랙올리브와 그린빈스, 소금, 후추 순으로 넣어가며 볶는다.
4. 화이트와인을 넣고 센불에서 끓여 알코올을 날리면서 준비된 육수나 면수를 넣는다.
5. 육수가 졸여지면 크림을 넣고 준비된 면을 넣어 버무리며 볶아준다.
6. 파마산치즈, 소금, 후추로 간을 더하여 접시에 담고 구운 파프리카를 올려준다.
7. 블랙 올리브를 슬라이스로 썰어 소스와 함께 장식으로 사용하여 완성한다.

Linguine Basilico con Cozze, Aglio e Olio D'oliva

Basil Linguine with Mussel,Garlic and Olive Oil

홍합과 마늘을 곁들인 바질 링귀니

INGREDIENTS

Pasta(Basil Linguine) 100g Mussel 100g Garlic 10g
Olive Oil 30ml White Wine 20ml Basil 1g
Sunflower Seed 3g Paprika 5g Clam Stock 70ml
Chervil 1줄기 Salt some Pepper some

METHOD OF COOKING

1. 홍합은 깨끗하게 씻어 이물질을 제거하여 준비한다.
2. 마늘은 슬라이스로 썰고 해바라기씨는 팬에서 구워 준비한다.
3. 휴지시킨 반죽을 링귀니생면으로 만들어 소금을 넣은 끓는물에 1분 30초~2분정도 삶아 건져놓는다.
4. 오일을 두른 팬에 마늘을 노릇노릇하게 볶다가 홍합, 소금, 후추 순으로 넣어가며 볶는다.
5. 화이트와인 넣고 센불에서 끓여 알코올을 날리면서 홍합 육수나 면수를 넣어 준비한다.
6. 육수를 조금 더 넣고 졸여지면 삶아놓은 링귀니면을 넣고 버무려 볶아준다.
7. 소금, 후추로 간을 더하여 접시에 담고 구운 파프리카와 해바라기씨를 올려준다.
8. 장식으로 처빌을 올려 완성한다.

Tagliatelle di Barbabietola con Panna Fresca e Mozzarella

Tagliatelle of Beet with Fresh Cream and Mozzarella

비트 딸리아텔레와 크림 모차렐라

INGREDIENTS

Pasta(Tagliatelle) 100g Squash 20g Egg plant 15g
Carrot 5g Garlic 5g Olive Oil 20ml White Wine 20ml
Fresh Cream 100ml Baby Rucola 3g
Parmesan Cheese 7g Chicken Stock 70ml
Salt some Pepper some

METHOD OF COOKING

1. 호박과 가지는 각각 다른 모양의 채소로 썰어 데쳐 준비한다.
2. 당근은 딸리아텔레면과 비슷한 길이로 썰어 준비한다.
3. 마늘은 슬라이스로 썰어 준비한다.
4. 비트를 넣은 휴지시킨 반죽을 딸리아텔레생면으로 만들어 소금을 넣은 끓는물에 1분 30초~2분정도 삶아 건져놓는다.
5. 오일을 두른 팬에 마늘을 볶다가 애호박, 가지, 소금, 후추 순으로 넣어가며 볶는다.
6. 화이트와인을 넣고 센불에서 끓여 알코올을 날리면서 준비된 육수나 면수를 넣는다.
7. 육수가 졸여지면 크림을 넣고 준비된 면을 넣고 버무리며 볶아준다.
8. 파르메산치즈, 데친 당근, 소금, 후추로 간을 더하여 접시에 담는다.
9. 장식으로 미니 루꼴라를 올려 완성한다.

Fettuccine con Vongole, Gamberetti e Olio D'oliva

Fettuccine with Clam, Shrimp and Olive Oil

조개와 새우 페투치네

INGREDIENTS

Pasta(Fettuccine) 100g Mussel 70g Shrimp 50g
Garlic 10g Olive Oil 30ml White Wine 20ml Basil 1g
Paprika 5g Clam Stock 70ml Micro leaf 3g
Salt some Pepper some

METHOD OF COOKING

1. 조개는 소금물에 2시간 이상 해감하여 사용한다.
2. 새우는 머리와 꼬리, 껍질을 살려 팬에서 익힌 후 껍질과 머리를 분리한다.
3. 마늘은 슬라이스로 썰어 준비한다.
4. 파프리카는 색깔별로 같은 크기로 썰은 다음 각각 팬에서 볶아 준비한다.
5. 휴지시킨 반죽을 페투치네생면으로 만들어 소금을 넣은 끓는물에 1분 30초~2분정도 삶아 건져놓는다.
6, 오일을 두른 팬에 마늘을 노릇노릇하게 볶다가 홍합, 새우, 소금, 후추 순으로 넣어가며 볶는다.
7. 화이트와인 넣고 센불에서 끓여 알코올을 날리면서 육수나 면수를 넣어 준비한다.
8. 육수가 졸여지면 삶아놓은 생면과 채소를 넣고 버무려 볶아낸다.
9. 마지막으로 소금, 후추, 올리브오일을 넣어 접시에 담고 장식으로 새싹을 올려 완성한다.

Pappardelle con Squid, Vongole e Pomodoro

Pappardelle with Squid, Clam and Tomato

오징어와 조개를 곁들인 토마토 파파델레

INGREDIENTS

Pasta(Pappardelle) 100g Cuttle Fish 100g Mussel 70g
Clam 50g Tomato 30g Garlic 10g
Olive Oil 30ml White Wine 20ml Basil 1g
Tomato Sauce 120ml Parmesan Cheese 5g
Clam Stock 70ml Salt some Pepper some

METHOD OF COOKING

1. 오징어를 깨끗하게 손질하여 원형으로 썰어 준비한다.
2. 조개와 홍합은 소금물에 해감하여 준비한다.
3. 토마토와 마늘, 올리브오일, 양파, 바질을 넣고 토마토소스를 만들어놓는다.
4. 휴지시킨 반죽을 파파델레생면으로 만들어 소금을 넣은 끓는물에 1분 30초~2분정도 삶아 건져놓는다.
5. 오일을 두른 팬에 마늘을 볶다가 오징어, 홍합, 모시조개, 소금, 후추 순으로 넣어가며 볶는다.
6. 화이트와인을 넣고 센불에서 끓여 알코올을 날리면서 준비된 육수와 면수를 넣는다.
7. 육수가 졸여지면 토마토소스를 넣고 준비된 면을 넣고 버무리며 볶아준다.
8. 바질, 소금, 후추로 간을 더하여 접시에 담아낸다.
9. 장식으로 마르메산치즈와 미니새싹을 올려 완성한다.

Tagliolini con Arrosto D'oliva e Fagioli

Tagliolini with Roasted Olive and Kidney Beans

구운 올리브와 콩을 곁들인 딸리올리니

INGREDIENTS

Pasta(Tagliolini) 100g Black Olive 30g Green Olive 30g
Kidney Beans 30g Anchovy 5g Caperberry 5g
Tomato 30g Garlic 10g Olive Oil 30ml White Wine 20ml
Dill 1g Chicken Stock 70ml Salt some Pepper some

METHOD OF COOKING

1. 올리브와 콩은 크기가 서로 비슷하게 썰어 준비한다.
2. 휴지시킨 반죽을 딸리올리니생면으로 만들어 소금을 넣은 끓는물에 1분 30초~2분정도 삶아 건져놓는다.
3. 블랙올리브와 그린올리브를 오븐(85°C)에서 수분이 날아가도록 구워준다.
4. 오일을 두른 팬에 마늘을 볶다가 구운 올리브, 강낭콩, 소금, 후추 순으로 넣어가며 볶는다.
5. 화이트와인을 넣고 센불에서 끓여 알코올을 날리면서 준비된 육수와 면수를 넣는다.
6. 육수가 졸여지면 삶아놓은 생면과 엔초비, 케이퍼베리, 딜을 넣고 버무려준다.
7. 마지막으로 소금, 후추, 올리브오일을 더하여 접시에 담고 토마토 콩까세를 올려준다.
8. 장식으로 딜을 올려 완성한다.

Pappardelle al Salmone e Panna Norvegese

Pappardelle with Norwegian Salmon and Cream

노르웨이산 연어와 크림 파파델레

INGREDIENTS

Pasta(Papardelle) 100g Salmon 100g
Caperberry 3g Red Onion 10g Dill 1g Garlic 5g
Olive Oil 20ml White Wine 20ml Fresh Cream 100ml
Italian Parsley 1g Parmesan Cheese 7g
Fish Stock 70ml Salt some Pepper some

METHOD OF COOKING

1. 연어를 손질하여 30~40g 정도로 잘라 레몬주스, 마늘, 딜, 소금, 후추로 마리네이드한다.
2. 다진마늘은 마리네이드에 사용하고 슬라이스는 면을 볶을 때 사용한다.
3. 휴지시킨 반죽을 파파델레생면으로 만들어 소금을 넣은 끓는물에 1분 30초~2분정도 삶아 건져놓는다.
4. 오일을 두른 팬에 마늘을 볶다가 연어를 연한 갈색이 나도록 구워내고 딜, 케이퍼베리, 소금, 후추 순으로 넣어 준다.
5. 화이트와인을 넣고 센불에서 끓여 알코올을 날리면서 준비된 육수와 면수를 넣는다.
6. 육수가 졸여지면 크림을 넣고 준비된 면을 넣고 버무리며 볶아준다.
7. 파르메산치즈, 소금, 후추를 뿌려 접시에 담고 물에 담가놓은 적양파와 이탈리안 파슬리를 뿌려준다.
8. 장식으로 딜을 올려 완성한다.

Cavatelli con Melanzane Alla Griglia e Basilico

Cavatelli with Grilled Eggplant and Basil

구운 가지와 바질을 곁들인 카바텔리

INGREDIENTS

Pasta(Cavatelli) 100g Eggplant 70g Cauliflower 30g
Garlic 10g Olive Oil 30ml White Wine 20ml Basil 1g
Chicken Stock 70ml Italian Parsley 1g
Salt some Pepper some

METHOD OF COOKING

1. 휴지시킨 반죽을 카바텔리 전용기계를 사용해 카바텔리생면으로 만들어 소금을 넣은 끓는물에 1분 30초~2분정도 삶아 건져놓는다.
2. 가지는 소금을 뿌려 잠시 휴지시키면 수분이 올라오는데 페이퍼타월로 제거하고 팬에 올리브오일, 소금, 후추를 뿌려 갈색으로 구워 낸다.
3. 오일을 두른 팬에 마늘을 노릇노릇하게 볶다가 컬리플라워, 소금, 후추 순으로 넣어가며 볶는다.
4. 화이트와인을 넣고 센불에서 끓여 알코올을 날리면서 육수와 면수를 넣는다.
5. 육수가 졸여지면 삶아놓은 생면과 구운 가지, 바질을 넣고 버무리며 볶아낸다.
6. 마지막으로 소금, 후추, 올리브오일을 더하여 접시에 담고 이태리파슬리를 뿌려준다.
7. 카바텔리 기계를 이용하여 생면을 만든다.
8. 카바텔리생면의 색깔은 천연재료를 이용하는데, 적색은 비트주스, 초록색은 시금치주스, 검정색은 오징어먹물, 노란색은 달걀 등을 이용한다.

Garganelli Nero con Arrosto Paprika e Squash

Black Garganelli with Roasted Paprika and Squash

구운 파프리카와 호박을 곁들인 먹물 가르가넬리

INGREDIENTS

Pasta(Garganelli) 100g P aprika(Yellow) 20g
Paprika(Red) 20g Squash 20g Cauliflower 10g
Garlic 10g Olive Oil 30ml White Wine 20ml Basil 1g
Thyme 1g Chicken Stock 70ml Almond 2g
Italian Parsley 1g Salt some Pepper some

METHOD OF COOKING

1. 파프리카를 그릴에 그을려 껍질을 제거하고 흐르는 물에 씻어 2cm 길이로 잘라 준비한다.
2. 파프리카 그을린 것을 물에 씻으면 깨끗하게 껍질을 제거할 수 있으나 수분함량이 높아 길게 보관하기는 어렵다.
3. 휴지시킨 반죽을 가르가넬리생면으로 만들어 소금을 넣은 끓는물에 1분 30초~2분정도 삶아 건져놓는다.
4. 파프리카와 호박, 콜리플라워는 올리브오일, 소금, 후추를 뿌려 팬에서 갈색으로 구워낸다.
5. 오일을 두른 팬에 마늘을 노릇노릇하게 볶다가 컬리플라워, 소금, 후추 순으로 넣어가며 볶는다.
6. 화이트와인 넣고 센불에서 끓여 알코올을 날리면서 육수를 넣는다.
7. 육수가 졸여지면 삶아놓은 생면과 구운 파프리카, 호박, 바질을 넣고 버무리며 볶아낸다.
8. 소금, 후추, 올리브오일을 더하여 접시에 담고 아몬드, 이태리파슬리를 뿌려준다.
9. 장식으로 다임을 올려 완성한다.

Orecchiette con Carciofi e Acciughe

Orecchiette with Artichoke and Anchovy

아티초크와 엔초비 오레끼에떼

INGREDIENTS

Pasta(Orecchiette) 100g Artichoke 70g Anchovy 10g
Garlic 10g Olive Oil 50ml White Wine 20ml Basil 20g
Pine Nut 3g Parmesan Cheese 7g Chicken Stock 70ml
Italian Parsley 1g Salt some Pepper some

METHOD OF COOKING

1. 아티초크를 손질하여 웨지 모양으로 잘라 올리브오일, 소금, 후추를 뿌려 팬에서 갈색으로 구워 준비한다.
2. 바질, 구운잣, 파르메산치즈, 올리브오일, 소금, 후추를 믹서에 넣고 갈아 패스토를 만든다.
3. 휴지시킨 반죽을 오레끼에떼 모양의 생면으로 만들어 소금을 넣은 끓는물에 1분 30초~2분정도 삶아 건져놓는다.
4. 마늘은 다져 준비하고 엔초비는 체에 내려 이물질을 제거한다.
5. 오일을 두른 팬에 마늘을 볶다가 엔초비와 소금, 후추 순으로 넣어가며 볶는다.
6. 화이트와인을 넣고 센불에서 한소끔 끓여 알코올을 날리면서 준비된 육수와 면수를 넣는다.
7. 오레끼에떼생면을 넣고 볶다가 바질 페스토를 넣고 버무려 볶아준다.
8. 파르메산치즈, 소금, 후추로 간을 더 하여 접시에 담아낸다.
9. 장식으로 처빌을 올려 완성한다.

Linguine con Funghi Selvatici

Linguine with Wild Mushroom

야생 버섯과 링귀네

INGREDIENTS

Pasta(Linguine) 100g Assorted Mushrom 100g
Artichoke 10g Paprika(Red) 20g Garlic 10g
Olive Oil 30ml White Wine 20ml Basil 1g
Stock 70ml Baby Rucola 2g Onion 20g
Italian Parsley 1g Salt some Pepper some

METHOD OF COOKING

1. 만가닥, 황금송이, 양송이, 표고, 초고 버섯을 깨끗하게 씻어 손질해서 준비한다.
2. 손질한 버섯을 버터, 올리브오일, 소금, 후추를 뿌려 팬에서 갈색이 되도록 볶아 준비한다.
3. 아티초크를 손질해 웨이지 형태로 썰어 팬에서 볶는다.
4. 마늘은 통으로 굽고 양파와 바질을 다져 준비한다.
5. 휴지시킨 반죽을 링귀네생면으로 만들어 소금을 넣은 끓는물에 1분 30초~2분정도 삶아 건져놓는다.
6. 오일을 두른 팬에 마늘을 노릇노릇하게 볶다가 아티초크, 소금, 후추 순으로 넣어가며 볶는다.
7. 화이트와인 넣고 센불에서 끓여 알코올을 날리면서 육수를 넣는다.
8. 육수가 졸여지면 삶아놓은 생면과 구운 버섯, 바질을 넣고 버무려 볶아준다.
9. 소금, 후추, 올리브오일을 더하여 접시에 담고 파프리카를 올리고 이태리파슬리를 뿌려준다.
10. 루꼴라를 장식으로 올리고 완성한다.

Agnolotti Dal Plin Salsa All'olio d'Oliva

Agnolotti Dal Plin with Olive Oil Sauce

아뇰로티 달 프린과 올리브오일소스

INGREDIENTS

Pasta(Agnolotti dal plin) 6ea Sweet Pumpkin 200g
Ricotta Cheese 50g Garlic 5g Tomato 10g
Olive Oil 50ml White Wine 20ml Basil 1g
Parmesan Cheese 7g Chicken Stock 70ml
Salt some Pepper some

METHOD OF COOKING

1. 이탈리아 피에몬테 지역에서 많이 만들어 먹는 아뇰로티는 라비올리의 한 종류로 파스타 도우를 평평하게 만들어 소를 채워 접는 형태로 만든 것이다.
2. 속을 채우는 파스타는 이탈리아 북부지역에서 즐겨먹었으며, 소의 재료는 지역에 따라 조금씩 차이가 있다.
3. 밀가루, 올리브오일, 파르메산치즈를 섞어 브랜더에 갈아 아뇰로티 도우를 준비한다.
4. 단호박을 오븐에 구워 만든 퓨레에 리코타 치즈, 소금, 후추를 넣어 아뇰로티 달 플린 속재료를 만든다.
5. 제면기로 1mm 두께의 면을 만들어 2의 속재료를 넣고 사각 모양의 아뇰로티 달 플린을 만든다.
6. 끓는물에 소금을 넣고 아뇰로티 달 플린을 넣어 2~3분정도 삶아, 떠오르면 건져내어 올리브오일을 둘러둔다.
7. 올리브오일을 두른 팬에 마늘을 볶다가 화이트와인을 넣고 센불에서 한소끔 끓여, 알코올을 날리면서 준비된 육수를 넣는다.
8. 육수가 졸여지면 아뇰로티 달 플린을 넣고 파르메산 치즈, 토마토콩카세, 바질, 소금, 후추로 간을 더하여 소스를 완성한다.
9. 접시에 아뇰로티 달 플린을 보기좋게 담아낸다.

Cappelletti Farciti a Pettine, Formaggio Blu e Salsa di Rosa

Cappelletti Stuffed with Scallop, Blue Cheese and Rose

관자살과 블루치즈로 속을 채운 카펠레티와 로제소스

INGREDIENTS

Pasta(Cappelletti) 6ea Garlic 10g Olive Oil 30ml
White Wine 20ml Basil 1g Asparagus 1ea
Dried Tomato 1ea Tomato Sauce 70ml Cream 30ml
Parmesan Cheese 7g Clam Stock 70ml Salt some Pepper some
– Cappelletti – Scallop Blue Cheese

METHOD OF COOKING

1. 작은 모자라고 불리는 카펠레티는 생파스타 도우를 얇게 밀어 잘라낸 도우에 속을 넣고 아래쪽 끝을 맞붙여 위쪽이 뾰족한 작은 모자 형태가 되도록 만든 것이다.
2. 카펠레티 속재료에는 관자살과 블루치즈, 마늘, 올리브오일, 크림, 소금, 후추를 넣고 만든다.
3. 끓는물에 소금을 넣고 카펠레티를 넣어서 2~3분정도 삶아 떠오르면 건져내 올리브오일을 둘러둔다.
4. 오일을 두른 팬에 마늘을 볶다가 화이트와인을 넣고 센불에서 한소끔 끓여 알코올을 날리면서 준비된 육수와 면수를 넣는다.
5. 육수가 졸여지면 토마토소스와 크림을 넣고 파마산치즈, 바질, 소금, 후추로 간을 더하여 로제소스를 완성한다.
6. 접시에 소스를 담고 카펠레티를 담아내고 아스파라거스와 드라이 토마토를 장식으로 곁들인다.
7. 장식으로 식용꽃을 올리고 완성한다.

Zucca e Formaggio Gouda Tortellini

Tortelli Stuffed with Sweet Pumpkin and Gouda Cheese

단호박과 고다치즈로 속을 채운 토르텔리

INGREDIENTS

Pasta(Three Color Tortelli) 6ea Garlic 10g Olive Oil 30ml
White Wine 20ml Basil 1g Tomato 10g Green Olive 5g
Chicken Stock 70ml Salt some Pepper some
– Tortelli –
Sweet Pumpkin Gouda Cheese

METHOD OF COOKING

1. 토르텔리는 생파스타 도우를 밀어 둥글게 자른 다음 속을 채우고 양끝을 붙여서 만든 크기가 작은 만두형 파스타이다.
2. 토르텔리 속재료는 단호박과 고다치즈, 올리브오일, 소금, 후추를 넣고 만든다.
3. 마늘은 다져 준비한다.
4. 끓는물에 소금을 넣고 토르텔리를 넣어 2~3분정도 삶아, 떠오르면 건져내어 올리브오일을 둘러둔다.
5. 올리브오일을 두른 팬에 마늘을 볶다가, 화이트와인을 넣고 센불에서 한소끔 끓여 알코올을 날리면서 준비된 육수를 넣는다.
6. 육수가 졸여지면 토르텔리를 넣고 바질, 올리브오일, 소금, 후추로 간을 더하여 완성한다.
7. 접시에 토르텔리를 담아내고, 토마토콩카세와 올리브, 허브를 곁들인다.
8. 허브를 올려 장식하고 완성한다.

Zucca Ravioloni con Salsa di Crema

Ravioloni Stuffed with Sweet Pumpkin and Cream Sauce

단호박을 넣은 라비올리와 크림소스

INGREDIENTS

Pasta(Ravioli) 6ea Sweet Pumpkin 200g Ricotta Cheese 50g
Garlic 10g Olive Oil 30ml White Wine 20ml Cream 70ml
Tomato 10g Parmesan Cheese 7g Fish Stock 70ml
Italian Parsley 1g Thyme 1g Salt some Pepper some

METHOD OF COOKING

1. 밀가루, 올리브오일, 파르메산치즈를 섞어 브랜더에 갈아 라비올리반죽에 섞어 도우를 준비한다.
2. 단호박을 오븐에 구워 퓌레를 만들어 리코타 치즈, 소금, 후추를 넣어 라비올리 속재료를 만든다.
3. 제면기로 1mm 두께의 면을 만들어 2의 속재료를 넣고 사각 모양의 라비올리를 만든다.
4. 끓는물에 소금을 넣고 라비올리를 넣어 2~3분정도 삶아, 떠오르면 건져내어 올리브오일을 둘러둔다.
5. 오일을 두른 팬에 마늘을 볶다가 화이트와인을 넣고 센불에서 한소끔 끓여, 알코올을 날리면서 준비된 육수를 넣는다.
5. 육수가 졸여지면 크림을 넣고 파르메산 치즈, 토마토콩카세, 이탈리안파슬리, 소금, 후추로 간을 더하여 크림소스를 완성한다.
6. 접시에 라비올리를 담고 준비된 크림소스를 뿌려 파르메산 쉐이빙, 다임을 곁들인다.

Mascarpone Purea di Cavolfiore Tre Manti

Mascarpone Cheese Cauliflower Puree with Three Color of Manti

마스카포네치즈와 콜리플라워 퓌레를 넣은 삼색 만티

INGREDIENTS

Pasta(Three Color Fagottini) 6ea Cauliflower 100g Cream 70ml
Parmesan Cheese 7g Olive Oil 30ml White Wine 20ml
Fish Stock 70ml Basil Oil 1g Salt some Pepper some
– Three Color Fagottini –
Beet Squid Ink Spinach Pumpkin Puree
Mascapone Cheese

METHOD OF COOKING

1. 만티 3가지 색상은 비트, 시금치, 오징어 먹물로 만든다.
2. 만티 속재료는 마스카포네치즈와 크림, 콜리플라워 퓌레를 넣고 만든다.
3. 끓는물에 소금을 넣고 만티를 넣어 2~3분정도 삶아 떠오르면 건져내어 올리브오일을 둘러둔다.
4. 오일을 두른 팬에 콜리플라워를 볶다가, 화이트와인을 넣고 센불에서 한소끔 끓여 알코올을 날리면서 준비된 육수나 면수를 넣는다.
5. 육수가 졸여지면 크림을 넣고 파르메산치즈, 소금, 후추로 간을 더하여 소스를 완성한다.
6. 접시에 만티를 담고 준비된 소스를 뿌린 후 바질오일을 곁들인다.

Lasagne Alla Bolognese

Spinach Open Lasagne

시금치 오픈 라자냐

INGREDIENTS

Pasta(Spinach Lasagne) 5ea Mozzarella Cheese 100g
Parmesan Cheese 30g Italian Parsley 1g
–Meat Sauce
Beef Ground 100g Mushroom 70g Onion 30g Carrot 20g Celery 10g
Garlic 5g Red Wine 10ml Olive Oil 5ml Tomato Sauce 100ml
Chicken Stock 70ml Salt some Pepper some
–Bechamel Sauce
Flour 30g Butter 30g Milk 150ml Salt some Pepper some

METHOD OF COOKING

1. 시금치, 오일, 파르메산치즈를 섞어 믹서에 갈아 라자냐 반죽에 섞어 도우를 준비한다.
2. 소고기, 양송이, 양파, 당근, 셀러리, 마늘, 레드와인, 올리브오일을 넣고 미트소스를 만든다.
3. 밀가루와 버터, 우유를 넣어 베샤멜소스를 만들어놓는다.
4. 오일을 두른 팬에 마늘, 양파를 볶다가 소고기와 나머지 재료를 넣고 스톡을 첨가해 30분 이상 끓여 미트소스를 완성한다.
5. 냄비에 버터를 두르고 밀가루를 볶아, 천천히 우유를 넣어가며 베샤멜소스를 완성한다.
6. 끓는물에 소금을 넣고 라자냐를 넣어서 3~4분정도 삶아, 건져내어 물기를 제거한다.
7. 버터를 바른 라자냐 접시에 라자냐, 베샤멜소스, 미트소스, 모차렐라치즈, 파르메산치즈 순으로 층층이 쌓아준다.
8. 200℃ 예열된 오븐에 10분간 갈색으로 구워준다.
9. 오븐에서 꺼낸 라자냐에 바질 슬라이스, 이탈리안파슬리 다진 것과 파르메산치즈를 뿌려 완성한다.

Granchio Ravioli con Funghi Salsa di Marzotica

Ravioli Stuffed with Crab Meat and Ricotta Cheese

게살과 리코타 치즈 라비올리

INGREDIENTS

Pasta(Ravioli) 6ea Onion 7g Mushroom 7g Garlic 5g
Olive Oil 30ml White Wine 20ml Cream 100ml
Tomato 10g Parmesan Cheese 7g Fish Stock 70ml
Italian Parsley 1g Salt some Pepper some
– Ravioli –
Crab Meat Ricotta Cheese

METHOD OF COOKING

1. 라비올리 속재료는 게살, 리코타치즈, 올리브오일, 마늘, 소금, 후추를 넣어 만든다.
2. 끓는물에 소금을 넣고 라비올리를 넣어서 2~3분정도 삶아, 떠오르면 건져내어 올리브오일을 둘러둔다.
3. 올리브오일을 두른 팬에 마늘, 양파, 양송이를 볶다가, 화이트와인을 넣고 센불에서 한소끔 끓여 알코올을 날리면서 준비된 육수나 면수를 넣는다.
4. 육수가 졸여지면 크림을 넣고 파르메산치즈, 토마토콩카세, 이탈리안파슬리, 소금, 후추로 간을 더하여 양송이 크림소스를 완성한다.
5. 접시에 라비올리를 담고 준비된 소스를 뿌린 후 처빌을 곁들인다.
6. 라비올리(Ravioli)는 이탈리아의 만두형파스타로 파스타 반죽을 만들어 고기나 채소, 치즈로 소를 넣어 만드는 요리이다.

Pizzoccheri di Grano Saraceno con Cozze e Vongole

Pizzoccheri of Buckwheat with Mussel and Clam

홍합과 조개를 곁들인 메밀 피초케리

INGREDIENTS

Pasta(Pizzoccheri) 100g Mussel 70g Clam 50g
Garlic 10g Olive Oil 30ml White Wine 20ml Basil 1g
Paprika(Yellow) 10g Clam Stock 70ml Dill 1g
Italian Parsley 1g Pistachio 2g
Salt some Pepper some

METHOD OF COOKING

1. 조개는 2시간 이상 해감시키고, 홍합은 이물질을 제거해 준비한다.
2. 마늘은 슬라이스하고, 이탈리안 파슬리와 피스타치오는 다져서 준비한다.
3. 메밀 넣은 휴지시킨 반죽을 피초케리면으로 밀어, 소금을 넣은 끓는물에 1분 30초~2분정도 삶아 건져놓는다.
4. 오일을 두른 팬에 마늘을 노릇노릇하게 볶다가 홍합, 모시조개, 파프리카, 소금, 후추 순으로 넣어가며 볶는다.
5. 화이트와인을 넣고 센불에서 끓여 알코올을 날리면서 육수나 면수를 넣어준다.
6. 육수가 졸여지면 삶아놓은 피초케리면과 바질을 넣고 버무려준다.
7. 마지막으로 소금, 후추, 올리브오일을 더하여 접시에 담고, 이탈리안 파슬리와 피스타치오를 뿌려준다.
8. 장식으로 딜과 식용장미잎을 올려 완성한다.

Foglie di Vivere con Prosciutto Prosciutto e Avocado

Foflie di Live with Prosciutto Ham and Avocado

프로슈토햄과 아보카도를 곁들인 폴리에 둘리바

INGREDIENTS

Pasta(Pisani Fogliette) 100g Prosciutto Ham 70g
Avocado 50g Tomato 30g Garlic 10g Olive Oil 30ml
White Wine 20ml Basil 1g Tomato Sauce 120ml
Oregano 1g Chicken Stock 70ml
Salt some Pepper some

METHOD OF COOKING

1. 폴리에 둘리바면은 조금 생소한 건면으로, 모양은 카바텔리면과 비슷하며 안쪽에 주름이 잡히는 것이 특징이며, 이탈리아에서 생산되는 건면파스타이다.
2. 아보카도는 껍질을 제거하고 씨를 제외한 과육을 2cm정도 크기로 썰어 준비한다.
3. 프로슈토햄은 폴리에 둘리바면과 비슷한 크기로 썰어 준비한다.
4. 끓는물에 소금을 넣고 폴리에 둘리바면을 넣어서 8~9분정도 삶아 건져놓는다.
5. 올리브오일을 두른 팬에 마늘을 볶다가 프로슈토햄, 소금, 후추 순으로 넣어가며 볶는다.
6. 화이트와인을 넣고 센불에서 끓여 알코올을 날리면서 준비된 육수나 면수를 넣는다.
7. 육수가 졸여지면 토마토소스, 토마토, 바질을 넣고 준비된 면을 넣고 버무려준다.
8. 잘 익은 아보카도, 올리브오일, 소금, 후추로 간을 더하여 접시에 담고 오레가노를 올려 완성한다.

Orecchiette con Gamberi e Pomodori Secchi

Orecchiette with Shrimp and Dried Tomato

새우와 드라이 토마토를 곁들인 오레끼에떼

INGREDIENTS

Pasta(Orecchiette) 100g Shrimp 70g Dried Tomato 30g
Green Beans 20g Garlic 10g Olive Oil 30ml
White Wine 20ml Basil 1g Fond de veau 50ml
Tomato Sauce 30ml Clam Stock 70ml
Salt some Pepper some

METHOD OF COOKING

1. 새우는 내장을 제거하고 조개스톡에 데쳐 껍질을 벗겨 준비한다.
2. 드라이 토마토는 5cm정도 크기로 잘라 껍질을 제거하고 준비한다.
3. 그린빈스는 길이가 너무 길지 않게 썰어서 준비하고, 마늘은 다져놓는다.
4. 끓는물에 소금을 넣고 오레끼에떼면을 넣어서 9분정도 삶아 건져놓는다.
5. 오일을 두른 팬에 마늘을 볶다가 새우, 소금, 후추 순으로 넣어가며 볶는다.
6. 화이트와인을 넣고 센불에서 끓여 알코올을 날리면서 준비된 육수나 면수를 넣는다.
7. 육수가 졸여지면 혼드보, 토마토소스, 그린빈스, 드라이토마토, 바질을 넣고 준비된 오레끼에떼면을 넣고 버무려준다.
8. 올리브오일, 소금, 후추로 간을 더하여 접시에 담아낸다.
9. 장식으로 처빌을 올려 완성한다.

Tagliolini di Barbabietola con Gamberetti

Tagliolini of Beet with Shrimp
새우와 비트 딸리올리니

INGREDIENTS

Pasta(Beet Tagliolini) 100g Shrimp 70g Squid 30g
Green Beans 10g Garlic 10g Olive Oil 30ml
White Wine 20ml Basil 1g Clam Stock 70ml
Italian Parsley 1g Salt some Pepper some

METHOD OF COOKING

1. 새우는 내장을 제거하고, 오징어는 손질하여 원형으로 준비해 Clam Stock에 데쳐놓는다.
2. 그린빈스 꼭지를 제거하고 마늘은 다져 준비한다.
3. 바질은 슬라이스 형태로 준비한다.
4. 비트주스를 넣은 휴지시킨 반죽을 딸리올리니면으로 만들어, 소금을 넣은 끓는물에 1분 30초~2분정도 삶아 건져놓는다.
5. 오일을 두른 팬에 마늘을 볶다가 새우, 오징어, 소금, 후추 순으로 넣어가며 볶는다.
6. 화이트와인을 넣고 센불에서 끓여 알코올을 날리면서 준비된 육수나 면수를 넣는다.
7. 육수가 졸여지면 그린빈스, 바질을 넣고 준비된 면을 넣고 버무려준다.
8. 올리브오일, 소금, 후추로 간을 더하여 접시에 담고 이탈리안파슬리를 올려 완성한다.

Caramelle con Salsa Allo Zafferano

Caramelle with Saffron Sauce

사프란소스의 카라멜레

INGREDIENTS

Pasta(Caramelle) 6ea Beech Mushroom 70g Onion 7g
Garlic 5g Saffron 1g White Wine 20ml Cream 100ml
Olive Oil 30ml Tomato 10g Parmesan Cheese 7g
Fish Stock 70ml Baby Beet Leaf 1g Salt some Pepper some

– Caramelle –

Sweet Potato Bread Crumbs
Parmigiano-raggiano Egg Yolk

METHOD OF COOKING

1. 카라멜레 속재료에는 삶은 고구마와 빵가루, 파미지아노치즈, 달걀, 소금, 후추를 넣고 만든다.
2. 면반죽에 시금치, 오징어먹물, 비트, 통밀을 각각 넣어 4가지 카라멜레를 만들어 준비한다.
3. 양파와 마늘은 다져서 준비한다.
4. 끓는물에 소금을 넣고 카라멜레를 넣어 3~4분정도 삶아, 떠오르면 건져내어 올리브오일을 뿌려놓는다.
5. 오일을 두른 팬에 마늘, 양파를 볶다가 화이트와인을 넣고 센불에서 한소끔 끓여 알코올을 날리면서 샤프란과 준비된 육수나 면수를 넣는다.
6. 육수가 졸여지면 크림을 넣고 파르메산치즈, 토마토콩카세, 만가닥버섯, 소금, 후추로 간을 더하여 샤프란소스를 완성한다.
7. 접시에 카라멜레를 담고, 여분의 소스를 뿌려 담는다.
8. 장식으로 비트 순을 올려 완성한다.

Lasagne Alla Bologonese

Lasagne Alla Bologenese

라자냐 알라 볼로네제

INGREDIENTS

Pasta(Lasagne) 5ea Tomato 100g Mozzarella cheese 100g
Parmesan Cheese 30g Italian Parsley 1g
– Meat Sauce –
Beef Ground 100g Mushroom 70g Onion 30g Carrot 20g Celery 10g
Garlic 5g Red Wine 10ml Olive Oil 5ml Tomato Sauce 100ml
Chicken Stock 70ml Salt some Pepper some
– Bechamel Sauce –
Flour 30g Butter 30g Milk 150ml Salt some Pepper some

METHOD OF COOKING

1. 이탈리안파슬리, 파르메산치즈를 섞어 믹서에 갈아 라자냐반죽에 섞어 도우를 준비한다.
2. 소고기, 양송이, 양파, 당근, 셀러리, 마늘, 레드와인, 올리브오일을 넣고 미트소스를 준비한다.
3. 밀가루와 버터, 우유를 넣어 베샤멜소스를 만들어 놓는다.
4. 끓는물에 소금을 넣고 라자냐면을 넣어서 3~4분정도 삶아, 건져내어 물기를 제거한다.
5. 오일을 두른 팬에 마늘, 양파를 볶다가, 소고기와 나머지 재료를 넣고 스톡을 첨가하여 30분 이상 끓여 미트소스를 완성한다.
6. 냄비에 버터를 두르고 밀가루를 볶아 천천히 우유를 넣어가며 베샤멜소스를 완성한다.
7. 버터를 바른 라자냐 접시에 라자냐, 베샤멜소스, 미트소스, 토마토, 모차렐라치즈, 파르메산치즈 순으로 층층이 쌓아준다.
8. 200℃로 예열된 오븐에 10분간 갈색으로 구워준다.
9. 오븐에서 꺼내 이탈리안파슬리를 뿌려 완성한다.

Cannelloni con Verdure e Ricotta

Cannelloni with Vegetable and Ricotta Cheese

리코타 치즈 까넬로니

INGREDIENTS

Pasta(Three Color Lasagne) 각 1ea Zucchini 30g
Eggplant 30g Onion 20g Spring Onion 10g Garlic 5g
Oregano Ground 1g Olive Oil 5ml Parmesan Cheese 30g
Ricotta Cheese 50g Bechamel Sauce 70ml
Tomato Sauce 100ml Mozzarella Cheese 100g
Italian Parsley 1g Salt some Pepper some

METHOD OF COOKING

1. 밀가루와 버터, 우유를 넣어 베샤멜소스를 만들어 놓는다.
2. 호박과 가지는 슬라이스로 썰어 팬에서 볶아 놓는다.
3. 양파, 마늘, 오레가노는 다져 준비한다.
4. 끓는물에 소금을 넣고, 라자냐면을 넣어서 3~4분정도 삶아, 건져내어 올리브오일을 둘러둔다.
5. 올리브오일을 두른 팬에 마늘을 볶다가 양파, 호박, 가지, 실파, 오레가노, 소금, 후추 순으로 넣어가며 볶는다.
6. 얇게 만든 라자냐면에 준비된 채소와 리코타치즈, 파르메산치즈를 넣고 말아서 까넬로니를 만들어 준비한다.
7. 버터를 바른 넓은 팬에 까넬로니, 베샤멜소스, 토마토소스, 모차렐라치즈 순으로 덮어준다.
8. 200℃로 예열된 오븐에 10분간 갈색으로 구워준다.
9. 이탈리안파슬리를 뿌려 완성한다.
10. 까넬로니(Cannelloni)는 사각형의 파스타로서 파스타를 끓인 후에 그 속에 치즈, 시금치, 고기다진 양념 등을 버무린 것으로 속을 채운다.

Spaghettini Frutti di Mare Chitarra

Seafood Spaghettini Alla Chitarra(di Mare)

해산물 키타라 스파게티니

INGREDIENTS

Pasta(Spaghettini) 70g Crab 1/2마리 King Prawn(U-5) 1마리
Cuttle Fish 20g Mussel 50g Clam 30g Scallop 20g
Tomato 30g Garlic 10g Olive Oil 30ml White Wine 20ml
Basil 1g Tomato Sauce 120ml Clam Stock 70ml
Salt some Pepper some Chitarra

METHOD OF COOKING

1. 이탈리아어로 마레(Mare)는 '바다'를 의미하며, 스파게티와 함께 해산물을 곁들인 음식을 뜻한다.
2. 이탈리아에서 오래된 전통 파스타 만드는 방법으로 키타라(Chitarra) 도구를 이용해 생면 스파게티를 만들어 사용한다.
3. 게는 등껍질을 제거하고 2등분으로 나눠 준비하고 대하는 내장을 제거하고, 오징어는 원형으로 썰어 준비한다.
4. 조개는 해감을 하고 홍합과 관자는 깨끗하게 손질하여 준비한다.
5. 마늘은 슬라이스로 썰고, 토마토는 껍질을 제거하여 씨 부분을 제거하고 사용한다.
6. 끓는물에 소금을 넣고, 키타라면을 넣어서 1분 30초~2분정도 삶아 건져놓는다.
7. 오일을 두른 팬에 마늘을 갈색으로 볶다가 게, 왕새우, 오징어, 홍합, 모시조개, 관자, 소금, 후추 순으로 넣어가며 볶는다.
8. 화이트와인을 넣고 센불에서 끓여 알코올을 날리면서 준비된 육수나 면수를 넣는다.
9. 육수가 졸여지면 토마토소스와 바질을 넣고, 준비된 면을 넣고 버무리며 볶아준다.
10. 올리브오일, 소금, 후추로 간을 더하여 접시에 담는다.
11. 찬물에 담가 싱싱하게 만든 바질을 장식으로 올린다.

Tagliatelle al nero con Pancetta e le uova

Squid Ink Tagliatelle with Pancetta and Eggs

판체타와 달걀소스를 곁들인 먹물 딸리에뗄레

INGREDIENTS

Pasta(Tagliatelle) 100g Pancetta 70g Garlic 10g
Olive Oil 30ml White Wine 20ml Egg yolk 2ea
Pecorino Cheese 10g Chicken Stock 70ml
Italian Parsley 1g Salt some Pepper some

METHOD OF COOKING

1. 전통의 까르보나라는 원래 달걀 노른자로 만드는 것이며 요즘 우리가 흔히 접하는 크림소스와는 조금 차이가 있다.
2. 잘 건조된 판체타는 두툼하게 썰어 준비하고 마늘은 다져 준비한다.
3. 오징어 먹물을 넣어 휴지시킨 반죽을 딸리에뗄레면으로 밀어, 소금을 넣은 끓는물에 40~50초정도 삶아 건져 놓는다.
4. 달걀 노른자, 페코리노 치즈, 크러쉬드 블랙페퍼, 이탈리안 파슬리를 잘 섞어서 준비한다.
5. 오일을 조금 두른 팬에 판체타를 볶다가 나오는 기름에 마늘을 넣고 같이 볶아준다.
6. 화이트와인을 넣고 센불에서 끓여, 알코올을 날리면서 준비된 육수를 넣는다.
7. 육수가 졸여지면 준비된 면을 넣고 비벼준다.
8. 완성 직전에 불에서 내려 4의 소스를 섞으면서 소금, 후추로 간을 더하여 접시에 담아낸다.

Pici con Aglio, Pepe e Olio D'oliva

Pici with Garlic, Pepper and Olive Oil

마늘과 고추를 곁들인 알리오 올리오 피치

INGREDIENTS

Pasta(Pici) 70g Garlic 40g Red Pepper 10g
Olive Oil 30ml White Wine 20ml Basil 1g
Chicken Stock 70ml Perilla Leaf 2g
Salt some Pepper some

METHOD OF COOKING

1. 알리오 올리오는 마늘과 오일을 곁들인 스파게티로, 이탈리아 전역에서 널리 이용한다.
2. 마늘은 슬라이스로 썰어 준비하고, 고추도 원형 슬라이스로 썰어 놓는다.
3. 끓는물에 소금을 넣고 피치면을 넣어서 6~7분정도 삶아, 건져내어, 달라붙지 않도록 올리브오일을 뿌려 놓는다.
4. 오일을 두른 팬에 마늘을 노릇노릇하게 갈색으로 볶다가 홍고추를 넣고 볶는다.
5. 화이트와인을 넣고 센불에서 끓여, 알코올을 날리면서 육수나 면수를 넣고 소금, 후추를 넣고 끓여준다.
6. 육수가 졸여지면 삶아놓은 피치면과 바질을 넣고 버무려 준다.
7. 소금, 후추, 올리브오일을 더하여 접시에 담고 깻잎을 얇게 슬라이스하여 올려 완성한다.

Spaghetti con Vongole, Aglio e Olio D'oliva

Spaghetti with Clam,Garlic and Olive Oil (Vongole)

조개와 마늘을 곁들인 봉골레 스파게티

INGREDIENTS

Pasta(Spaghetti) 70g Clam 100g Garlic 30g
Olive Oil 30ml White Wine 20ml Basil 1g
Clam Stock 70ml Chervil 1줄기 Italian Parsley 1g
Salt some Pepper some

METHOD OF COOKING

1. 봉골레는 조개를 사용한 파스타이다. 조개국물을 만들 때는 깨끗하게 씻은 조개를 연한 소금물에 하룻밤 담가 해감을 한 다음 사용해야 한다.
2. 마늘은 슬라이스로 썰어 준비한다.
3. 끓는물에 소금을 넣고 스파게티면을 넣어서 7~8분정도 삶아 건져놓는다.
4. 올리브오일을 두른 팬에 마늘을 노릇노릇하게 볶다가 모시조개, 소금, 후추 순으로 넣어가며 볶는다.
5. 화이트와인 넣고 센불에서 끓여 알코올을 날리면서 모시조개 육수나 면수를 넣어 준비한다.
6. 육수를 조금 더 넣고 졸여지면, 삶아놓은 스파게티면과 바질을 넣고 버무려준다.
7. 마지막으로 올리브오일, 이탈리안 파슬리, 소금, 후추로 간을 더하여 접시에 담고 처빌을 올려준다.

Tagliolini al nero di seppia e gamberetti

Squid Ink Tagliolini with Cuttlefish and Shrimps

갑오징어와 먹물 딸리올리니

INGREDIENTS

Pasta(Squid Ink Tagliolini) 100g Cuttlefish 50g
Shrimp 20g Garlic 10g Olive Oil 30ml
White Wine 20ml Basil 1g Clam Stock 70ml
Salt some Pepper some

METHOD OF COOKING

1. 새우는 내장을 제거해 손질하고, 오징어는 손질하여 Clam Stock에 데쳐 놓는다.
2. 마늘은 슬라이스하여 준비한다.
3. 오징어 먹물을 넣어 휴지시킨 반죽을 딸리올리니면으로 밀어, 소금을 넣은 끓는물에 40~50초정도 삶아 건져 놓는다.
4. 오일을 두른 팬에 마늘을 볶다가 새우, 오징어, 소금, 후추 순으로 넣어가며 볶는다.
5. 화이트와인을 넣고 센불에서 끓여 알코올을 날리면서 준비된 육수를 넣는다.
6. 육수가 졸여지면 준비된 면을 넣고 비벼준다.
7. 올리브오일, 소금, 후추로 간을 더하여 접시에 담고 바질을 올려 완성한다.

Biologica Pasta con Aragosta e Salsa Bisque

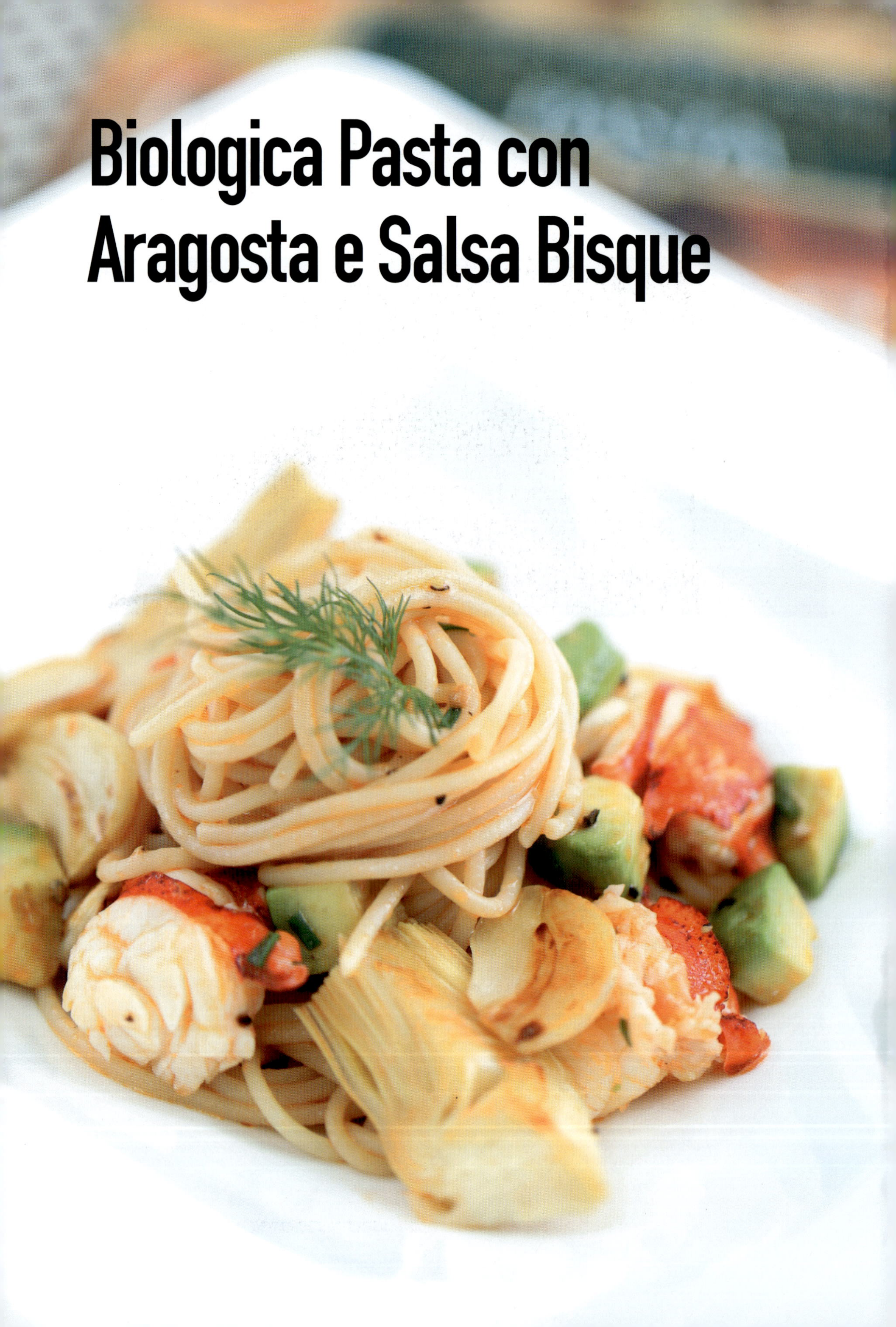

Biologica Pasta with Lobster and Bisque

바닷가재와 비스크소스의 유기농 파스타

INGREDIENTS

Pasta(Biologica) 70g Lobster 100g Artichoke 30g
Avocado 10g Tomato 20g Garlic 10g Olive Oil 30ml
White Wine 20ml Basil 1g Bisque 70ml
Tomato Sauce 20ml Parmesan Cheese 5g
Clam Stock 70ml Dill 1g Salt some Pepper some

METHOD OF COOKING

1. 바닷가재 꼬리는 내장을 제거하고 깨끗하게 손질하여, 조개나 생선스톡에 살짝 겉면만 익을 정도로 데쳐 준비한다.
2. 아티초크는 손질하여 웨이지 형태로 썰어 준비한다.
3. 아보카도는 껍질을 제거하고, 과육부분을 다이스 형태로 썰어 준비한다.
4. 끓는물에 소금을 넣고 면을 넣어서 7~8분정도 삶아 건져놓는다.
5. 오일을 두른 팬에 마늘을 갈색으로 볶다가 랍스타, 아티초크, 소금, 후추 순으로 넣어가며 볶는다.
6. 화이트와인을 넣고 센불에서 끓여, 알코올을 날리면서 준비된 육수나 면수를 넣는다.
7. 육수가 졸여지면 비스큐와 토마토소스를 넣고, 준비된 면과 바질을 넣고 버무려 준다.
8. 마지막으로 아보카도, 토마토, 소금, 후추로 간을 더하여 접시에 담는다.
9. 장식으로 딜을 올려 완성한다.

Farfalle con Salsa Piccante di Pomodoro

Farfalle with Spicy Tomato Sauce(Arrabbiata)

매콤한 토마토소스 파르팔레

INGREDIENTS

Pasta(Farfalle) 70g Pepperoncini 10g Tomato 20g
Garlic 10g Olive Oil 30ml White Wine 20ml
Basil 1g Tomato Sauce 20ml Parmesan Cheese 5g
Chicken Stock 70ml Salt some Pepper some

METHOD OF COOKING

1. 페페로치니를 얇게 슬라이스로 썰어 준비한다.
2. 토마토에 칼집을 넣고 끓는물에 빨리 데쳐서 껍질을 벗겨 준비한다.
3. 브로콜리는 작게 손질하여 끓는물에 데쳐 준비하고, 마늘은 다져서 준비한다.
4. 밀가루, 물, 오징어먹물, 오일을 섞어 프라이팬에서 튀일을 만들어 장식으로 사용한다.
5. 끓는물에 소금을 넣고 파르팔레면을 넣어서 7~8분정도 삶아 건져놓는다.
6. 오일을 두른 팬에 마늘을 볶다가 페페로치니, 소금, 후추 순으로 넣어가며 볶는다.
7. 화이트와인을 넣고 센불에서 끓여 알코올을 날리면서 준비된 육수나 면수를 넣는다.
8. 육수가 졸여지면 토마토소스를 넣고 파르팔레면과 바질을 넣고 버무려준다.
9. 토마토콩카세, 올리브오일, 소금, 후추로 간을 더하여 접시에 담는다.
10. 장식으로 튀일과 브로콜리를 올리고 파르메산치즈를 올려 완성한다.

Malloreddus con Vongole e Basilico Pesto

Malloredus with Clam and Basil Pesto

모시조개 말로레두스와 바질 페스토

INGREDIENTS

Pasta(Malloreddus) 70g Clam 100g Garlic 20g
Olive Oil 50ml White Wine 20ml Basil 20g
Pine Nut 3g Parmesan Cheese 7g Clam Stock 70ml
Salt some Pepper some

METHOD OF COOKING

1. 바질 페스토는 바질과 올리브오일, 치즈가루, 잣 등을 넣고 함께 믹서에 갈아 만드는 걸쭉한 소스로, 가열하지 않고 요리에 사용할 수 있는 소스이다.
2. 바질잎을 떼어 씻어놓고, 잣은 팬에 볶아서 준비한다.
3. 믹서에 바질, 잣, 파르메산치즈가루, 올리브오일, 마늘을 넣고 갈아 바질페스토 소스를 준비한다.
4. 끓는물에 소금을 넣고 말로레두스면을 넣어서 6~7분정도 삶아 건져 놓는다.
5. 오일을 두른 팬에 마늘을 볶다가, 준비된 모시조개를 넣어 볶는다.
6. 화이트와인을 넣고 센불에서 한소끔 끓여 알코올을 날리면서 조개육수를 만든다.
7. 육수가 졸여지면 말로레두스면을 넣고 볶다가 바질페스토를 넣고 버무려 준다.
8. 파르메산치즈, 소금, 후추로 간을 더하여 접시에 담고 허브를 올려 완성한다.

Fettuccine con Tartufo Nero e Olio D'oliva

Fettuccine with Black Truffle and Olive Oil

트러플과 오일 페투치네

INGREDIENTS

Pasta(Fettuccine) 70g Truffle 1g Spinach 30g
Asparagus 10g Paprika(Yellow) 5g Cherry Tomato 2g
Garlic 10g Olive Oil 30ml White Wine 20ml
Parmesan Cheese 7g Chicken Stock 70ml
Italian Parsley 1g Truffle Oil 3ml
Salt some Pepper some

METHOD OF COOKING

1. 페투치네는 볼로냐지방에서 유래한 탈리아텔레와 비슷한 모양이지만 크기는 더 넓은 파스타로, 생면을 가정에서 만들기도 하지만 상점에서 건면으로 유통되기도 한다.
2. 트러플은 슬라이스로 얇게 2쪽 준비한다.
3. 시금치는 줄기 부분을 제거하고 데쳐 놓는다.
4. 아스파라거스는 껍질을 벗겨 데치고, 체리토마토는 껍질만 벗겨 준비한다.
5. 파프리카는 불에 그을려 껍질을 제거하고 썰어 사용한다.
6. 끓는물에 소금을 넣고, 페투치네면을 넣어 7~8분정도 삶아 건져 놓는다.
7. 오일을 두른 팬에 마늘을 노릇노릇하게 볶다가 트러플, 아스파라거스, 파프리카, 방울토마토, 소금, 후추 순으로 넣어가며 볶는다.
8. 화이트와인을 넣고 센불에서 끓여, 알코올을 날리면서 준비된 육수나 면수를 넣는다.
9. 육수가 졸여지면 삶아놓은 페투치네면과 시금치를 넣고 버무려 준다.
10. 이탈리안파슬리, 소금, 후추, 트러플오일을 더하여 접시에 담아낸다.
11. 준비된 트러플과 파르메산치즈를 올려 완성한다.

Gigli con Melanzane Fritte Profonda e Salsa di Pomodoro

Gigli with Deep Fried Eggplant and Tomato Sauce

튀긴 가지와 토마토소스 질리

INGREDIENTS

Pasta(Gigli) 70g Eggplant 100g Flour 10g Garlic 10g
Olive Oil 30ml White Wine 20ml Basil 1g
Tomato Sauce 20ml Parmesan Cheese 5g
Chicken Stock 70ml Italian Parsley 1g
Salt some Pepper some

METHOD OF COOKING

1. 질리 파스타면은 가늘고 긴 한쪽 면이 돌돌 말린 건면파스타이다.
2. 가지는 슬라이스로 썰어 소금을 뿌려 수분이 배출되도록 준비한다.
3. 끓는물에 소금을 넣고 질리면을 넣어서 7~8분정도 삶아 건져 놓는다.
4. 물기를 제거한 가지에 밀가루를 묻혀 150℃ 기름에 튀겨 놓는다.
5. 오일을 두른 팬에 마늘을 볶다가, 화이트와인을 넣고 센불에서 끓여, 알코올을 날리면서 준비된 육수나 면수를 넣는다.
6. 육수가 졸여지면 토마토소스와 튀긴가지를 넣고 질리면과 바질을 넣어 버무려 준다.
7. 파르메산치즈, 올리브오일, 소금, 후추로 간을 더하여 접시에 담는다.
8. 바질로 장식하고 완성한다.

Mafaldine con Cozze e Crema

Mafaldine with Mussel and Cream

홍합과 크림 마팔디네

INGREDIENTS

Pasta(Mafaldine) 70g Mussel 100g Garlic 10g
Olive Oil 30ml White Wine 20ml Cream 100ml
Parmesan Cheese 7g Clam Stock 70ml
Italian Parsley 1g Oregano 1g
Salt some Pepper some

METHOD OF COOKING

1. 마팔디네는 리본 모양의 파스타로 평평하고 넓으며 양쪽 면이 울퉁불퉁한 형태이고, 다른 파스타와 달리 면 1개의 길이가 1m까지 길어 1개가 1인분으로 충분하다.
2. 홍합의 이물질을 제거하고 버터와 스톡을 넣은 팬에서 익혀 준비한다.
3. 마늘은 다져 준비하고 파르메산치즈를 강판에 갈아놓는다.
4. 끓는물에 소금을 넣고 마팔디네면을 넣어서 7~8분정도 삶아 건져놓는데, 주의할 점은 1개 면이 길기 때문에 끊어지거나 부러지지 않도록 조심한다.
5. 오일을 두른 팬에 마늘을 볶다가 홍합, 소금, 후추 순으로 넣어가며 볶는다.
6. 화이트와인을 넣고 센불에서 끓여 알코올을 날리면서 홍합육수를 만든다.
7. 육수가 졸여지면 크림을 넣고 준비된 면을 넣고 버무려 준다.
8. 파르메산치즈, 이탈리안파슬리, 소금, 후추로 간을 더하여 접시에 담고 오레가노를 올려 완성한다.

Lumaconi con Ossobuco Gremolata

Lumaconi with Ossobuco Gremolata

송아지정강이와 루마코니 그레몰라타

INGREDIENTS

Pasta(Lumaconi) 70g Ossobuco 100g Broccoli 20g
Almond 5g Lemon Zest 2g Garlic 10g Olive Oil 30ml
White Wine 20ml Ossobuco Sauce 30ml
Tomato Sauce 20ml Parmesan Cheese 5g
Chicken Stock 70ml Salt some Pepper some

METHOD OF COOKING

1. 오소부코는 송아지 정강이 부위나 뒷다리 부위에 와인을 넣고 만든 이탈리아 밀라노지방을 대표하는 음식이다.
2. 루마코니는 루마케보다 파스타의 크기가 크고 주머니 형태를 하고 있어, 소를 채워 그라탱 형태로 만들기도 한다.
3. 브로콜리는 푸른 부분을 잘라 끓는물에 데치고 레몬 제스트를 준비한다.
4. 오소부코는 올리브오일, 화이트와인, 양파, 토마토, 당근, 셀러리, 레몬껍질을 넣고 끓여낸다.
5. 끓는물에 소금을 넣고 루마코니면을 넣어서 8~9분정도 삶아 건져 놓는다.
6. 오소부코를 토마토와 채소, 향신료를 넣고 푹 끓여 고기와 소스를 따로 준비한다.
7. 브로콜리 푸른 부분과 아몬드, 레몬제스트, 파르메산치즈, 올리브오일, 소금, 후추를 섞어 그레몰라타를 만들어 놓는다.
8. 오일을 두른 팬에 마늘을 볶다가, 화이트와인을 넣고 센불에서 끓여 알코올을 날리면서 준비된 육수를 넣는다.
9. 육수가 졸여지면 오소부코소스, 토마토소스 넣고 루마코니면과 오소부코를 넣고 버무려 준다.
10. 올리브오일, 소금, 후추로 간을 더하여 접시에 담고 그라몰라타를 뿌려 준다.
11. 그레몰라타(Gremolata)는 초록색 소스를 의미하며, 이탈리아에서는 살사 베르데(Salsa Verde), 프랑스에서는 소스 베르트(Sauce Verte), 독일에서는 그뤼네 조제(Grüne Soße)라고 한다.

Spaghetti con Griglia Filetto e Funghi

Spaghetti with Grilled Tenderloin and Cream

소안심과 크림 스파게티

INGREDIENTS

Pasta(Spaghetti) 70g Beef Tenderloin 100g
Mushroom 30g Paprika(Yellow) 20g Garlic 10g
Olive Oil 30ml White Wine 20ml Cream 100ml
Parmesan Cheese 7g Chicken Stock 70ml
Italian Parsley 1g Salt some Pepper some

METHOD OF COOKING

1. 안심을 손질하여 스테이크 형태로 만들어 소금, 후추, 마늘, 올리브오일로 마리네이드한다.
2. 마리네이드한 안심을 그릴에 레어나 미디엄으로 구워낸다.
3. 양송이는 슬라이스로 썰어 준비하고, 파프리카는 얇게 썰어 찬물에 담가 놓는다.
4. 마늘은 다져서 준비한다.
5. 끓는물에 소금을 넣고 스파게티면을 넣어서 7~8분정도 삶아 건져 놓는다.
6. 오일을 두른 팬에 마늘을 볶다가 소안심, 양송이, 소금, 후추 순으로 넣어가며 볶는다.
7. 화이트와인을 넣고 센불에서 끓여 알코올을 날리면서 준비된 육수나 면수를 넣어 준다.
8. 육수가 졸여지면 크림을 넣고 스파게티면을 넣고 버무려 준다.
9. 마지막으로 파르메산치즈, 이탈리안파슬리, 소금, 후추로 간을 더하여 접시에 담는다.
10. 파프리카를 올리고 비트 순을 올려 완성한다.

Foglie di Vivere con Riccio di Mare Rosa e Olio D'oliva

Foglie D'ulive with Sea Urchin Roes and Olive Oil

성게알을 곁들인 폴리에 둘리바

INGREDIENTS

Pasta(Foglie d'ulive) 70g Urchin Roe 50g
Broccoli 70g Tomato 20g Garlic 10g
Olive Oil 30ml White Wine 20ml Basil 1g
Clam Stock 70ml Italian Parsley 1g Dill 1g
Salt some Pepper some

METHOD OF COOKING

1. 폴리에 둘리바면은 엄지를 제외한 4손가락 끝부분으로 눌러 모양이 오목하게 들어간 파스타면으로 카바텔리 면과 비슷하며 안쪽에 잡힌 주름이 특징인 파스타로 이탈리아에서 생산된다.
2. 브로콜리는 작게 손질하여 끓는물에 데쳐 놓는다.
3. 토마토는 껍질을 벗겨 콩카세로 썰고, 드라이 토마토는 껍질을 제거하고 사용한다.
4. 끓는물에 소금을 넣고 폴리에 둘리바면을 넣어서 7~8분정도 삶아 건져 놓는다.
5. 오일을 두른 팬에 마늘을 노릇노릇하게 볶다가 성게알, 브로콜리, 소금, 후추 순으로 넣어가며 볶는다.
6. 화이트와인을 넣고 센불에서 끓여 알코올을 날리면서 준비된 육수나 면수를 넣는다.
7. 육수가 졸여지면 삶아놓은 폴리에 둘리바면과 바질을 넣고 버무려 준다.
8. 토마토콩카세, 드라이토마토, 이탈리안파슬리, 소금, 후추, 올리브오일을 더하여 접시에 담아낸다.
9. 장식으로 딜이나 허브를 올려 완성한다.

Paccheri con Salsiccia, Broccoli e Crema

Paccheri with Sausage and Cream

소시지와 브로콜리 크림 파케리

INGREDIENTS

Pasta(Paccheri) 70g Sausage 100g Broccoli 70g
Garlic 10g Olive Oil 30ml White Wine 20ml
Cream 100ml Parmesan Cheese 7g
Chicken Stock 70ml Italian Parsley 1g
Salt some Pepper some

METHOD OF COOKING

1. 파케리 파스타면은 튜브 파스타의 일종으로 가운데 구멍이 있다.
2. 소시지는 슬라이스로 썰어 팬에서 구워 사용한다.
3. 브로콜리는 손질하여 끓는물에 데쳐 준비한다.
4. 끓는물에 소금을 넣고 파케리면을 넣어서 8~9분정도 삶아 건져 놓는다.
5. 오일을 두른 팬에 마늘을 볶다가 소시지, 브로콜리, 소금, 후추 순으로 넣어가며 볶는다.
6. 화이트와인을 넣고 센불에서 끓여 알코올을 날리면서 준비된 육수나 면수를 넣어 준다.
7. 육수가 졸여지면 크림을 넣고 파케리면을 넣고 버무려 준다.
8. 파르메산치즈, 이탈리안파슬리, 소금, 후추로 간을 더하여 접시에 담아 낸다.
9. 장식으로 허브나 식용꽃을 올려 완성한다.

Riso Lasagnette con Burro e Panna

Lasagnette Ricce with Butter and Cream(Alfredo)

버터와 크림 라자니떼 리체

INGREDIENTS

Pasta(Lasagnette ricce) 70g Shrimp 70g Scallop 30g
Tomato 10g Garlic 10g Olive Oil 30ml White Wine 20ml
Cream 100ml Butter 30g Parmesan Cheese 7g
Clam Stock 70ml Italian Parsley 1g
Salt some Pepper some

METHOD OF COOKING

1. 리체(ricce)는 면에 주름이 졌다는 뜻으로 넓은 면 양쪽에 주름이 잡힌 건면을 말한다.
2. 새우는 내장을 제거해 준비하고 관자는 3등분으로 썰어 놓는다.
3. 토마토는 껍질을 벗겨 콩카세로 썰어 준비한다.
4. 마늘은 다져놓는다.
5. 끓는물에 소금을 넣고 라자니떼 리체면을 넣어서 8~9분정도 삶아 건져 놓는다.
6. 오일을 두른 팬에 마늘을 볶다가 새우, 관자, 소금, 후추 순으로 넣어가며 볶는다.
7. 화이트와인을 넣고 센불에서 끓여, 알코올을 날리면서 준비된 육수나 면수를 넣어 준다.
8. 육수가 졸여지면 크림을 넣고 라자니떼 리체면과 토마토콩카세를 넣고 버무려 준다.
9. 버터, 파르메산치즈, 이탈리안파슬리, 소금, 후추로 간을 더하여 접시에 담아 낸다.
10. 비트 순을 장식으로 올려 완성한다.

Conchiglie con Gamberetti, Rucola e Pomodoro

Conchiglie with Shrimp,Arugula and Tomato Sauce

새우와 루꼴라 꼰낄리에

INGREDIENTS

Pasta(Conchiglie) 70g Shrimp 70g Tomato 50g
Garlic 10g Olive Oil 30ml White Wine 20ml Basil 1g
Tomato Sauce 20ml Parmesan Cheese 5g
Chicken Stock 70ml Baby Rucola 3g
Italian Parsley 1g Salt some Pepper some

METHOD OF COOKING

1. 새우는 내장을 제거하고 스톡에 삶아 준비한다.
2. 토마토와 마늘, 올리브오일, 화이트와인으로 소스를 준비한다.
3. 루꼴라는 손질하여 찬물에 담가놓는다.
4. 끓는물에 소금을 넣고 꼰낄리에면을 넣어서 8~9분정도 삶아 건져 놓는다.
5. 오일을 두른 팬에 마늘을 볶다가 새우, 소금, 후추 순으로 넣어가며 볶는다.
6. 화이트와인을 넣고 센불에서 끓여, 알코올을 날리면서 준비된 육수나 면수를 넣는다.
7. 육수가 졸여지면 토마토소스와 토마토를 넣고 꼰낄리에면과 바질을 넣고 버무려 준다.
8. 파르메산치즈, 올리브오일, 소금, 후추로 간을 더하여 접시에 담는다.
9. 손질한 작은 루꼴라를 곁들여 완성한다.

Pappardelle con Asparagi e Zafferano Crema

Papardelle with Asparagus and Saffron Cream

아스파라거스와 사프란 크림 파파델레

INGREDIENTS

Pasta(Pappardelle) 70g Asparagus 70g Saffron 1g
Tomato 30g Garlic 5g Olive Oil 20ml
White Wine 20ml Fresh Cream 100ml Italian Parsley 1g
Parmesan Cheese 7g Chicken Stock 70ml
Salt some Pepper some

METHOD OF COOKING

1. 사프란을 와인에 넣고 열을 가하여 노란색이 진하게 나오도록 준비한다.
2. 아스파라거스는 껍질을 제거하고 끓는물에 잠시 데쳐 놓는다.
3. 토마토는 콩카세로 준비하고, 마늘은 다져 놓는다.
4. 후레쉬 크림은 농도 조절을 위해 중불에서 졸여 놓는다.
5. 끓는물에 소금을 넣고 파파델레면을 넣어서 5~6분정도 삶아 건져 놓는다.
6. 오일을 두른 팬에 마늘을 볶다가 아스파라거스, 소금, 후추 순으로 넣어가며 볶는다.
7. 화이트와인을 넣고 센불에서 끓여 알코올을 날리면서 준비된 육수와 사프란을 우려낸 것을 넣는다.
8. 육수가 졸여지면 크림을 넣고 파파델레면과 토마토콩카세를 넣고 버무려 준다.
9. 파르메산치즈, 소금, 후추로 간을 더하여 접시에 담고 파르메산치즈와 이탈리안파슬리를 뿌려 준다.
10. 식용꽃으로 장식하여 완성한다.

Fettuccine di Spinaci con Capesante e Aglio, Olio Extravergine D'oliva

Spinach Fettuccine with Scallop and Extra Virgin Olive Oil

시금치 페투치네와 관자를 곁들인 알리올리오

INGREDIENTS

Pasta(Spinach Fettuccine) 70g Scallop 70g
Spinach 20g Garlic 10g Olive Oil 30ml
White Wine 20ml Basil 1g Clam Stock 70ml
Italian Parsley 1g Salt some Pepper some

METHOD OF COOKING

1. 페투치네는 로마 지역에서 흔히 볼 수 있는 얇고 평평하고 넓은 파스타로 건면으로 준비한다.
2. 관자는 길이로 3등분으로 썰어 팬에서 익혀 준비한다.
3. 시금치는 줄기부분을 제거하고, 부드러운 잎 부분을 사용한다.
4. 마늘은 다져서 준비한다.
5. 끓는물에 소금을 넣고 시금치 페투치네면을 넣어서 6~7분정도 삶아 건져 놓는다.
6. 오일을 두른 팬에 마늘을 노릇노릇하게 볶다가 관자, 소금, 후추 순으로 넣어가며 볶는다.
7. 화이트와인을 넣고 센불에서 끓여 알코올을 날리면서 준비된 육수나 면수를 넣는다.
8. 육수가 졸여지면 삶아놓은 시금치 페투치네면과 시금치, 바질을 넣고 버무려 준다.
9. 이탈리안파슬리, 소금, 후추, 올리브오일을 더하여 접시에 담아 낸다.
10. 통후추 으깬 것을 뿌려 완성한다.

Spaghetti con Verdure Alla Griglia e Aragosta Coda

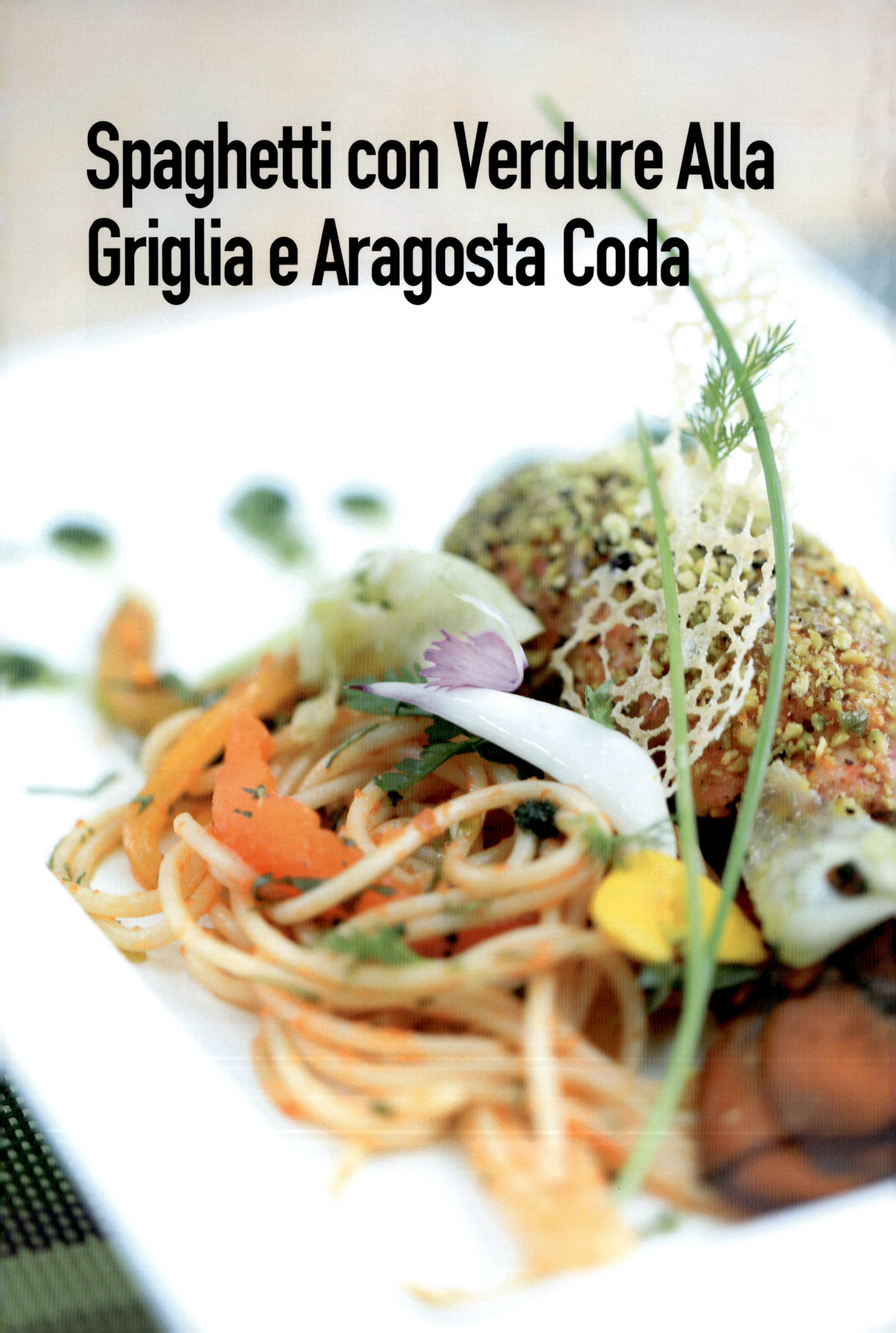

Spaghetti with Grilled Vegetable and Lobster Tail

구운 채소와 바닷가재 스파게티

INGREDIENTS

Pasta(Spaghetti) 70g Lobster Tail 120g Squash 50g
Fennel 50g Paprika(Red) 20g Paprika(Yellow) 20g
Tomato 30g Pistachio 5g Garlic 10g Olive Oil 30ml
White Wine 20ml Basil 1g Clam Stock 70ml
Italian Parsley 1g chive 1g Salt some Pepper some

METHOD OF COOKING

1. 바닷가재 꼬리 부분을 준비하여, 내장을 제거하고 껍질을 분리하여 1cm 크기로 썰어 레몬주스, 소금, 후추를 뿌려 놓는다.
2. 애호박, 펜넬, 파프리카는 한 입 크기로 썰어 준비한다.
3. 토마토도 한 입 크기로 썰어 놓는다.
4. 끓는물에 소금을 넣고 스파게티면을 넣어서 7~8분정도 삶아 건져 놓는다.
5. 애호박, 펜넬, 파프리카는 올리브오일, 소금, 후추로 간하여 그릴에 구워 놓는다.
6. 오일을 두른 팬에 마늘을 노릇노릇하게 볶다가 랍스타, 소금, 후추 순으로 넣어가며 볶는다.
7. 화이트와인을 넣고 센불에서 끓여 알코올을 날리면서 준비된 육수나 면수를 넣는다.
8. 육수가 졸여지면 스파게티면과 토마토, 구운 채소, 바질을 넣고 버무려 준다.
9. 이탈리안파슬리, 소금, 후추, 올리브오일을 더하여 접시에 담고 피스타치오를 뿌려 준다.
10. 팬에서 튀일을 만들어 장식으로 사용하고 차이브를 올려 완성한다.
11. 바닷가재 살을 제거한 껍질을 장식으로도 사용할 수 있다.

Rigatoni con Formaggio Mozzarella e Salsa di Pomodoro

Rigatoni with Mozzarella Cheese and Tomato Sauce

모차렐라치즈와 토마토소스의 리가토니

INGREDIENTS

Pasta(Rigatoni) 70g Mozzarella Cow 100g
Pepperoncini 5g Tomato 20g Garlic 10g Onion 5g
Olive Oil 30ml White Wine 20ml Basil 1g
Tomato Sauce 20ml Chicken Stock 70ml
Oregano 1g Salt some Pepper some

METHOD OF COOKING

1. 마카로니의 한 종류인 리가토니는 속이 빈 튜브형 짧은 파스타이다.
2. 마늘은 슬라이스로 썰어 준비한다.
3. 후레쉬 모차렐라치즈는 리카토니와 비슷한 크기로 썰어 준비한다.
4. 페페로치니는 얇게 썰어 2등분 정도로 썰어 놓는다.
5. 끓는물에 소금을 넣고 리가토니면을 넣어서 8~9분정도 삶아 건져 놓는다.
6. 오일을 두른 팬에 마늘, 양파를 볶다가 페페로치니, 소금, 후추 순으로 넣어가며 볶는다.
7. 화이트와인을 넣고, 센불에서 끓여 알코올을 날리면서 준비된 육수나 면수를 넣는다.
8. 육수가 졸여지면 토마토소스를 넣고, 리가토니면과 바질을 넣고 버무려 준다.
9. 후레쉬 모차렐라, 토마토콩카세, 올리브오일, 소금, 후추로 간을 더하여 접시에 담고 오레가노를 올려 완성한다.

Casarecce con Bolognese

Casarecce with Bologenese

까사레치아 볼로네에즈

INGREDIENTS

Pasta(Casarecce) 70g Mozzarella Cheese 50g
Tomato 20g Garlic 10g Onion 5g Olive Oil 30ml
White Wine 20ml Basil 1g Meat Sauce 20ml
Chicken Stock 70ml Italian Parsley 1g
Salt some Pepper some

METHOD OF COOKING

1. 까사레치아는 '집에서 만들다'라는 의미의 이탈리아어이며, 3cm정도 느슨하게 대칭되는 형태로 말아 올린 형태의 파스타이다.
2. 토마토는 껍질을 제거하고 콩카세로 썰어 놓는다.
3. 마늘과 양파는 다져서 준비한다.
4. 끓는물에 소금을 넣고 까사레치아면을 넣어서 7~8분정도 삶아 건져 놓는다.
5. 오일을 두른 팬에 마늘, 양파를 볶다가 화이트와인을 넣고 센불에서 끓여 알코올을 날리면서 준비된 육수나 면수를 넣는다.
6. 육수가 졸여지면, 미트소스를 넣고 까사레치아면과 바질을 넣고 버무려 준다.
7. 토마토콩카세, 올리브오일, 소금, 후추로 간을 더하여 용기에 담고 모차렐라치즈를 올려 준다.
8. 200℃ 예열된 오븐에 치즈가 갈색이 나도록 구워 준다.
9. 이탈리안파슬리 다진 것과 식용꽃을 올려 완성한다.

Linguine con Pomodoro Giallo e Salsa Balsamica

Linguine with Yellow Tomato and Balsamic Sauce

발사믹소스와 노랑토마토 링귀네

INGREDIENTS

Pasta(Linguine) 70g Yellow Tomato 30g
Dried Tomato 20g Green Beans 10g Paprika 5g
Garlic 10g Olive Oil 30ml White Wine 20ml
Balsamic Vinegar 10ml Clam Stock 70ml
Italian Parsley 1g Salt some Pepper some

METHOD OF COOKING

1. 링귀네 파스타는 단면이 납작하면서 타원형인 파스타로 소스가 면에 잘 스며드는 특징이 있다.
2. 토마토는 껍질을 제거하고 사용한다.
3. 파프리카는 불에 그을려 껍질을 제거하고 썰어 준비한다.
4. 마늘은 슬라이스로 썰어 준비하고, 그린빈스는 꼭지를 손질하여 사선으로 잘라 데쳐 준비한다.
5. 드라이토마토는 껍질을 제거하고 사용한다.
6. 끓는물에 소금을 넣고 링귀네면을 넣어 7~8분정도 삶아 건져 놓는다.
7. 오일을 두른 팬에 마늘을 노릇노릇하게 볶다가 노랑토마토, 드라이토마토, 그린빈스, 소금, 후추 순으로 넣어 가며 볶는다.
8. 화이트와인을 넣고 센불에서 끓여 알코올을 날리면서 준비된 육수나 면수를 넣는다.
9. 육수가 졸여지면 삶아놓은 링귀네면과 발사믹 비네거를 넣고 버무려준다. 이때 발사믹 비네거는 너무 많이 넣지 않도록 조심한다.
10. 이탈리안파슬리, 소금, 후추, 올리브오일을 더하여 접시에 담고, 구운 파프리카를 곁들인다.
11. 껍질을 제거한 드라이토마토와 비트순을 올려 완성한다.

Pizzoccheri di Grano Saraceno con Olio al Tartufo

Pizzoccheri of Buckwheat with Truffle Oil

트러플 오일과 메밀 피초케리

INGREDIENTS

Pasta(Pizzoccheri) 70g Green Beans 50g
Cherry Tomato 30g Garlic 10g Olive Oil 30ml
White Wine 20ml Clam Stock 70ml Basil 1g
Italian Parsley 1g Microleaf 1g
Salt some Pepper some

METHOD OF COOKING

1. 피초케리는 이탈리아 메밀가루와 밀가루를 섞어 만든 면으로, 보통의 파스타보다 조금 두껍고 면은 납작한 편이다.
2. 그린빈스는 꼭지를 손질하여 끓는물에 데쳐 준비한다.
3. 마늘은 슬라이스로 썰어 준비한다.
4. 체리토마토는 꼭지에 칼집을 넣고 데쳐, 껍질과 과육부분을 분리한다.
5. 끓는물에 소금을 넣고 메밀 피초케리면을 넣어서 10~11분정도 삶아 건져 놓는다.
6. 오일을 두른 팬에 마늘을 노릇노릇하게 볶다가 그린빈스, 체리토마토, 소금, 후추 순으로 넣어가며 볶는다.
7. 화이트와인을 넣고 센불에서 끓여, 알코올을 날리면서 준비된 육수나 면수를 넣는다.
8. 육수가 졸여지면 삶아놓은 면과 바질을 넣고, 꺼내기 직전 트러플 오일을 넣고 버무려 준다.
9. 이탈리안파슬리, 소금, 후추, 올리브오일을 더하여 접시에 담고 비트순을 곁들인다.

Farfalle con Black Olive Pesto

Farfalle with Olive and Black Olive Pesto

블랙올리브 페스토와 파르팔레

INGREDIENTS

Pasta(Farfalle) 70g Calamata Olive 20g
Green Olive 20g Black Olive 30g Pine Nut 3g
Parmesan Cheese 7g Garlic 20g Olive Oil 50ml
White Wine 20ml Chicken Stock 70ml
Salt some Pepper some

METHOD OF COOKING

1. 파르팔레는 나비넥타이를 연상하게 하는 파스타의 일종이다. 크기에 따라 조금 더 큰 형태의 파르팔로네와 작은 형태인 파르팔리네가 있다.
2. 올리브는 버터를 넣은 팬에서 볶거나 구워 준비한다.
3. 끓는물에 소금을 넣고 파르팔레면을 넣어 7~8분정도 삶아 건져 놓는다.
4. 블랙올리브, 구운잣, 파르메산치즈, 올리브오일, 소금, 후추를 믹서에 넣고 갈아서 올리브 페스토를 만든다.
5. 오일을 두른 팬에 마늘을 노릇노릇하게 볶다가 깔라마타윌리브, 그린올리브, 소금, 후추 순으로 넣어가며 볶는다.
6. 화이트와인을 넣고 센불에서 끓여 알코올을 날리면서 준비된 육수나 면수를 넣는다.
7. 육수가 졸여지면 파르팔레를 넣고 볶다가, 올리브 페스토를 넣고 버무려 준다.
8. 파르메산치즈, 소금, 후추로 간을 더하여 접시에 담아 낸다.
9. 장식으로 베이비 비타민을 올려 완성한다.

Fusilli con Ragu di Anatra Seno

Fusilli with Duck Breast and Ragu Sauce

오리가슴살 라구소스와 푸실리

INGREDIENTS

Pasta(Fusilli) 70g Cherry Tomato 20g Garlic 10g Onion 5g
Olive Oil 30ml White Wine 20ml Basil 1g Chicken Stock 70ml
Italian Parsley 1g Salt some Pepper some
– Duck Meat Sauce –
Duck Ground 100g Mushroom 70g Onion 30g
Carrot 20g Celery 10g Garlic 5g Red Wine 10ml Tomato Sauce 100ml

METHOD OF COOKING

1. 푸실리는 돌돌 말린 나사모양의 파스타로 단단한 편이다. 속이 비어있는 길이가 긴 푸실리는 푸실리부가티라고 하고, 길이가 짧고 구불구불한 로티니와 혼동되기도 한다.

2. 라구소스는 이탈리아 파스타와 함께 조리하는 미트소스의 일종이다.

3. 오일을 두른 팬에 오리가슴살과 양송이, 양파 다진 것, 당근, 셀러리, 마늘, 레드와인을 넣고 볶은 후 스톡을 넣어 30분 이상 졸여 오리라구소스를 만든다.

4. 체리토마토는 2등분으로 썰고, 마늘은 다져 준비한다.

5. 끓는물에 소금을 넣고 푸실리면을 넣어서 7~8분정도 삶아 건져 놓는다.

6. 예열한 팬에 마늘, 양파를 볶다가 화이트와인을 넣고, 센불에서 끓여 알코올을 날리면서 준비된 육수나 면수를 넣는다.

7. 육수가 졸여지면 오리 라구소스를 넣고, 푸실리를 넣어 버무려 준다.

9. 체리토마토, 올리브오일, 소금, 후추로 간을 더하여 용기에 담고, 파르메산치즈를 올려 준다.

10. 비트순과 셀러리를 얇게 썰어 장식으로 올려 완성한다.

Fusilli Lunghi Bucati con Rucola

Fusilli Lunghi Bucati with Rucola

루꼴라와 푸실리 룽기 부가티

INGREDIENTS

Pasta(Fusilli Lunghi Bucati) 70g Rucola 20g Squash 20g
Eggplant 15g Artichoke 10g Cherry Tomato 10g
Garlic 10g Olive Oil 30ml White Wine 20ml
Chicken Stock 70ml Basil 1g Italian Parsley 1g
Salt some Pepper some

METHOD OF COOKING

1. 푸실리 룽기 부가티는 돌돌 말린 나선형의 긴 파스타이며 단단하고 속이 비어있다.
2. 루꼴라는 손질하여 찬물에 담가 싱싱하게 준비한다.
3. 애호박과 가지는 슬라이스로 썰어 놓는다.
4. 아티초크를 손질하여 준비하고, 체리토마토는 4등분으로 썰어 준비한다.
5. 끓는물에 소금을 넣고 푸실리 룽기 부가티면을 넣어서 7~8분정도 삶아 건져 놓는다.
6. 오일을 두른 팬에 마늘을 노릇노릇하게 볶다가 애호박, 가지, 아티초크, 소금, 후추 순으로 넣어가며 볶는다.
7. 화이트와인을 넣고 센불에서 끓여 알코올을 날리면서 준비된 육수나 면수를 넣는다.
8. 육수가 졸여지면 삶아놓은 파스타와 체리토마토, 바질을 넣고 버무려 준다.
9. 루꼴라, 이탈리안파슬리, 소금, 후추, 올리브오일을 더하여 접시에 담아 낸다.

Pasta Riccini con Polpo e Olive

Riccini Pasta with Octopus and Olive

문어 리체니 파스타

INGREDIENTS

Pasta 70g Octopus 70g Green Olive 40g
Yellow Tomato 15g Pepperoncini 5g Garlic 10g
Olive Oil 30ml White Wine 20ml Clam Stock 70ml
Basil 1g Dill 1g Italian Parsley 1g
Salt some Pepper some

METHOD OF COOKING

1. 리체니 파스타는 굵직하게 돌돌 말린 이탈리아 건면파스타이다.
2. 문어는 밀가루와 소금으로 문질러 데쳐 낸다.
3. 페페로치노는 얇게 슬라이스로 썰어 준비한다.
4. 마늘은 다져서 준비한다.
5. 끓는물에 소금을 넣고 파스타면을 넣어서 8~9분정도 삶아 건져 놓는다.
6. 오일을 두른 팬에 마늘을 노릇노릇하게 볶다가 페페로치노, 문어, 그린올리브, 노랑토마토, 소금, 후추 순으로 넣어가며 볶는다.
7. 화이트와인을 넣고 센불에서 끓여 알코올을 날리면서 준비된 육수나 면수를 넣는다.
8. 육수가 졸여지면 삶아놓은 파스타와 바질을 넣고 버무려 준다.
9. 이탈리안파슬리, 소금, 후추, 올리브오일을 더하여 접시에 담아 낸다.
10. 장식으로 딜을 올려 완성한다.

Frutti di Mare Risotto con Salsa di Pomodoro

Seafood Risotto with Tomato Sauce

토마토소스 해산물 리소토

INGREDIENTS

Rice 70g Mussel 70g Clam 50g Shrimp 40g
Cuttlefish 30g Tomato 20g Garlic 10g Onion 5g
Olive Oil 30ml White Wine 20ml Basil 1g
Tomato Sauce 20ml Clam Stock 70ml
Parmesan Cheese 7g Butter 30g Italian Parsley 1g
Salt some Pepper some

METHOD OF COOKING

1. 홍합은 깨끗하게 불순물을 제거해 손질하고, 조개는 2시간 이상 소금물에서 해감한다.
2. 새우는 내장을 제거하고, 오징어도 손질하여 준비한다.
3. 마늘과 양파는 다져 준비한다.
4. 오일을 두른 팬에 마늘, 양파를 볶다가 홍합, 모시조개, 새우, 오징어, 소금, 후추 순으로 넣어가며 볶는다.
5. 화이트와인을 넣고 센불에서 끓여 알코올을 날리면서 해물육수를 만든다.
6. 반쯤 익힌 쌀과 토마토소스, 바질을 넣고 더 익혀주면서 육수를 조금씩 첨가한다. 부드러우면서도 씹는 식감이 살아있게 익혀야 한다.
7. 토마토콩카세, 파르메산치즈, 버터, 이탈리안파슬리, 소금, 후추로 간을 더하여 접시에 담아 낸다.
8. 이탈리아의 전통요리인 리소토(Risotto)는 정찬코스에서는 파스타와 함께 프리모 피아토(Primo Piatto) 코스에서 나온다. 보통 점심의 간단한 한 끼 식사로 이용된다.

Risotto Parmigiano con Carne e Funghi

Parmesan Risotto with Meat and Mushroom

소고기와 양송이 파르메산 리소토

INGREDIENTS

Rice 70g Beef Tenderloin 100g Mushroom 50g
Garlic 10g Onion 5g Olive Oil 30ml White Wine 20ml
Cream 50ml Chicken Stock 70ml Butter 30g
Parmesan Cheese 7g Italian Parsley 1g
Salt some Pepper some

METHOD OF COOKING

1. 소고기 안심을 손질하여 슬라이스로 썰어 소금, 후추, 올리브오일로 마리네이드해서 준비한다.
2. 양송이는 슬라이스로 썰고, 양파와 마늘은 다져 놓는다.
3. 오일을 두른 팬에 마늘, 양파를 볶다가 소안심, 양송이버섯, 소금, 후추 순으로 넣어가며 볶는다.
4. 화이트와인을 넣고 센불에서 끓여 알코올을 날리면서 준비된 육수를 넣는다.
5. 반쯤 익힌 쌀을 넣고 육수를 조금씩 첨가하며 더 익혀 준다.
6. 쌀이 거의 익어가면 생크림, 파르메산치즈, 버터, 이탈리안파슬리, 소금, 후추로 간을 더하여 접시에 담아 낸다.
7. 장식으로 마조람을 올린다.

Risotto al Nero di Seppia e Formaggio Cheddar Cotoletta

Risotto with Squid Ink and Cheddar Cheese Cutlet

체다치즈 커틀릿을 곁들인 오징어먹물 리소토

INGREDIENTS

Rice 70g Cheddar Cheese 100g Flour 20g Egg 1ea
Bread Crumb 30g Squid Ink 10g Garlic 10g Onion 5g
Olive Oil 30ml White Wine 20ml Clam Stock 70ml
Butter 30g Parmesan Cheese 7g Dill 1g
Italian Parsley 1g Salt some Pepper some

METHOD OF COOKING

1. 체다치즈에 밀가루, 달걀, 빵가루를 묻혀 180℃ 기름에서 튀겨 준다.
2. 올리브오일을 두른 팬에 마늘, 양파를 볶다가 화이트와인을 넣고 센불에서 끓여 알코올을 날리면서 준비된 육수를 넣는다.
3. 반쯤 익힌 쌀을 넣고, 오징어먹물과 육수를 조금씩 첨가하며 계속 익혀 준다.
4. 쌀이 80%정도 익으면 파르메산치즈, 버터, 이탈리안파슬리, 소금, 후추로 간을 더하여 접시에 담아 낸다.
5. 장식으로 딜을 올려 완성한다.

Risotto al Gorgonzola

Risotto with Gorgonzola Cheese

고르곤졸라치즈 리소토

INGREDIENTS

Rice 70g Gorgonzola Cheese 70g Garlic 10g
Onion 5g Olive Oil 30ml White Wine 20ml
Chicken Stock 70ml Butter 30g Parmesan Cheese 7g
Italian Parsley 1g Salt some Pepper some
Pink Pepper 1g

METHOD OF COOKING

1. 오일을 두른 팬에 마늘, 양파를 볶다가, 화이트와인을 넣고 센불에서 끓여 알코올을 날리면서 준비된 육수를 넣는다.
2. 반쯤 익힌 쌀을 넣고 고르곤졸라치즈와 육수를 조금씩 첨가하며 계속 익혀 준다.
3. 쌀이 거의 익으면 생크림, 파르메산치즈, 버터, 이탈리안파슬리, 소금, 후추로 간을 더하여 접시에 담아 낸다.
4. 고르곤졸라치즈와 핑크페퍼를 뿌려 준다.
5. 파르메산치즈 가루와 케일, 마조람잎을 올려 완성한다.
6. 고르곤졸라(Gorgonzola)는 가장 유명한 이탈리아 블루치즈로 밀라노 동쪽에 있는 행정구역인 고르곤졸라 마을에서 이름이 유래되었다.

Risotto con Spinaci Clam

Spinach Risotto with Clam

조개를 곁들인 시금치 리소토

INGREDIENTS

Rice 70g Spinach 100g Clam 70g Pinenut 20g
Garlic 10g Onion 5g Olive Oil 30ml White Wine 20ml
Basil 1g Clam Stock 70ml Parmesan Cheese 7g
Butter 30g Italian Parsley 1g Salt some Pepper some

METHOD OF COOKING

1. 조개는 소금물에 2시간 이상 해감한다.
2. 시금치는 줄기 부분을 떼어내고 잎 부분을 사용한다.
3. 마늘과 양파는 다져 준비한다.
4. 시금치, 구운잣, 파르메산치즈, 올리브오일, 소금, 후추를 믹서에 넣고 갈아서 시금치 페스토를 만든다.
5. 오일을 두른 팬에 마늘, 양파를 볶다가 모시조개, 소금, 후추 순으로 넣어가며 볶는다.
6. 화이트와인을 넣고 센불에서 끓여 알코올을 날리면서 해물육수를 만든다.
7. 반쯤 익힌 쌀과 시금치 페스토, 바질을 넣고 더 익혀주면서 육수를 조금씩 첨가한다.
8. 파르메산치즈, 버터, 이탈리안파슬리, 소금, 후추로 간을 더하여 접시에 담아 낸다.
9. 비트순과 허브로 장식하여 완성한다.

Basilico Gnocchi con Salsa di Pomodoro

Gnocchi with Tomato Sauce and Basil

토마토소스의 바질 뇨끼

INGREDIENTS

Potato 100g Flour 30g Egg yolk 1ea Basil 10g
Onion 20g Garlic 10g Parmesan Cheese 7g
– Tomato Sauce –
Butter 30g Italian Parsley 1g Salt some Pepper some

METHOD OF COOKING

1. 감자를 삶아서 껍질을 벗겨 뜨거울 때 곱게 으깨어 밀가루, 다진 바질, 달걀노른자, 파르메산치즈, 소금, 후추로 간하여 덩어리지게 반죽한다.
2. 반죽을 엄지손가락 크기로 잘라 스푼 2개를 이용하여 덤플링(럭비공) 모양을 낸다.
3. 끓는물에 소금을 넣고 뇨끼를 넣어 삶아, 떠오르면 건져내어 올리브오일을 뿌려 놓는다.
4. 오일을 두른 팬에 마늘, 양파를 볶다가 화이트와인을 넣고 센불에서 끓여 알코올을 날리면서 준비된 육수를 넣는다.
5. 육수가 졸여지면 토마토소스를 넣고 파르메산치즈, 이탈리안파슬리, 소금, 후추를 넣고 소스를 만든다.
6. 삶아진 바질 뇨끼를 소스에 버무려 제공한다.
7. 신선한 바질과 파르메산치즈를 올려 완성한다.

Gnocchi al Gorgonzola Salsa di Crema

Potato Gnocchi with Gorgonzola Cream Sauce

고르곤졸라 크림소스의 감자뇨끼

INGREDIENTS

Potato 100g Flour 30g Egg yolk 1ea Nutmeg some
Basil 1g Onion 20g Garlic 10g Gorgonzola Cheese 50g
Parmesan Cheese 7g Cream 100ml Butter 30g
Italian Parsley 1g Salt some Pepper some

METHOD OF COOKING

1. 감자를 삶아서 껍질을 벗겨 뜨거울 때 곱게 으깨어 밀가루, 달걀노른자, 파르메산치즈, 바질 다진 것, 너트맥, 소금, 후추로 간하여 덩어리지게 반죽한다.
2. 엄지손가락 크기로 잘라 뇨끼보드에 굴려 모양을 낸다.
3. 끓는물에 소금을 넣고 뇨끼를 넣어 삶아 떠오르면 건져내어 올리브오일을 뿌려 놓는다.
4. 올리브오일을 두른 팬에 마늘, 양파를 볶다가 화이트와인을 넣고, 센불에서 끓여 알코올을 날리면서 준비된 육수를 넣는다.
5. 육수가 졸여지면 크림을 넣고 고르곤졸라치즈, 파르메산치즈, 이탈리안파슬리, 소금, 후추를 넣고 소스를 만든다.
6. 삶아진 뇨끼를 소스에 버무려 모양있게 담아 낸다.
7. 바질을 올려 장식하고 완성한다.

Gnocchi di Zucca con Burro e Salvia

Pumpkin Gnocchi with Sage Butter Sauce

세이지 버터소스와 단호박 뇨끼

INGREDIENTS

Sweet Pumpkin 100g Potato 70g Flour 50g
Egg yolk 1ea Sage 1g Parmesan Cheese 7g
Butter 30g Italian Parsley 1g Salt some
Pepper some Nutmeg some

METHOD OF COOKING

1. 단호박과 감자를 삶아서 뜨거울 때 곱게 으깨어 밀가루, 달걀노른자, 파르메산치즈, 너트맥, 소금, 후추로 간하여 덩어리지게 반죽한다.
2. 엄지손가락 크기로 잘라 뇨끼보드에 굴려 모양을 낸다.
3. 끓는물에 소금을 넣고 뇨끼를 넣어 삶아 떠오르면 건져내어 올리브오일을 뿌려 놓는다.
4. 팬에 버터를 녹이고, 세이지를 넣어 향을 우려 낸다.
5. 녹은 버터에 뇨끼를 버무려 준다.
6. 삶아진 뇨끼를 소스에 버무려 모양 있게 담고 파르메산치즈, 이탈리안파슬리를 뿌려 준다.
7. 차이브와 마조람으로 장식하여 완성한다.

Gnocchi al Vongole di Spinàcio

Spinach Gnocchi with Clam

모시조개 시금치 뇨끼

INGREDIENTS

Potato 100g Flour 30g Egg yolk 1ea Spinach 50g
Clam 100g Onion 20g Garlic 10g White Wine 30ml
Red Pepper 2g Clam Stock 100ml Italian Parsley 1g
Salt some Pepper some Nutmeg some

METHOD OF COOKING

1. 조개는 소금물에 2시간 이상 해감한다.
2. 감자를 삶아서 뜨거울 때 곱게 으깨어 밀가루, 달걀노른자, 다진 시금치, 파마산치즈, 너트멕, 소금, 후추로 간하여 덩어리지게 반죽한다.
3. 원통 모양으로 작게 잘라 뇨끼 보드에 굴려 모양을 낸다.
4. 끓는물에 소금을 넣고 뇨끼를 넣고 삶아 떠오르면 건져내 올리브오일을 뿌려 놓는다.
5. 오일을 두른 팬에 조개, 마늘, 양파를 볶다가 화이트와인을 넣고 센불에서 끓여 알코올을 날리면서 준비된 육수를 넣는다.
6. 육수가 졸여지면 뇨끼를 넣고 홍고추, 이태리파슬리, 소금, 후추를 넣고 접시에 모양 있게 담아 낸다.
7. 처빌과 홍고추를 썰어 장식으로 사용하여 완성한다.

Polenta con Formaggio Gorgonzola

Polenta with Gorgonzola Cheese

고르곤졸라 치즈를 넣은 폴렌타

INGREDIENTS

Polenta 50g Chicken Stock 200ml Milk 50ml
Parmesan Cheese 30g Gorgonzola Cheese 50g
Butter 20g Salt some Pepper some

METHOD OF COOKING

1. 육수에 약간의 소금을 넣고, 팔팔 끓으면 폴렌타를 넣으면서 덩어리가 지지 않도록 나무주걱으로 잘 저어 준다.
2. 농도가 되직해지면 우유를 넣어서 약한 불에서 나무주걱으로 계속 저어 준다.
3. 폴렌타의 입자가 부드러워지면 고르곤졸라치즈, 파르메산치즈, 버터, 소금, 후추를 넣어 완성한다.
4. 장식으로 비트순과 파르메산치즈를 올린다.
5. 폴렌타(Polenta)는 이탈리아북부 프리울리 지방의 전통음식으로 그 자체로 요리를 만들지만, 다른 요리에 곁들이는 용도로도 사용한다.

Pizza Margherita

Pizza Margherita
마르게리타 피자

INGREDIENTS

Pizza Dough 160g Tomato Sauce 140ml Basil leaf 3g
Fresh Tomato 80g Mozzarella Cheese 80g
Olive Oil 20ml

METHOD OF COOKING

1. 분할한 피자도우를 반죽을 미는 기계나 밀대로, 밀가루를 묻혀서 원하는 크기의 둥근 모양으로 얇게 밀어 만들어 놓는다.
2. 피자팬에 버터를 바르고 도우를 팬닝한다.
3. 도우 위에 토마토소스를 깔고 모차렐라치즈를 뿌린 후 485℃정도 온도의 오븐에서 40~50초 정도를 굽는다.(화덕기준)
4. 오븐에서 피자를 구울 때는 한쪽만 타는 경우가 있으므로, 수시로 확인하여 피자의 굽는 방향을 회전시켜 주어야 한다.
5. 구워진 피자는 바질과 함께 모양 있게 놓고 완성한다.
6. 이탈리아 국기의 상징적인 삼색을 띠고 있는 재료(초록–바질, 흰색–모차렐라치즈, 빨강–토마토)만 가지고 만들기에, 재료 준비는 간단하지만 그만큼 모든 재료의 신선도가 좋아야만 훌륭한 맛을 낼 수 있는 피자이다. 이탈리아 남부 항구도시인 나폴리피자로 인정받기 위해서는 다음과 같은 정통 나폴리피자 지침이 있다.

   1) 도우의 질감이 부드러우면서 쫄깃하고 쉽게 접을 수 있어야 한다.
   2) 전기화덕사용은 금지이며 장작화덕에서 구워야 한다.
   3) 화덕의 온도는 485℃ 정도로 해서 구워야 한다.
   4) 피자의 모양은 둥근 형태여야 한다.
   5) 크러스트반죽은 반드시 손으로 만들어 주어야 한다.
   6) 크러스트의 두께는 2cm 이하로 만들며, 지름은 35cm 이내, 도우의 중앙부분은 두께가 0.3cm를 넘으면 안 된다.

Pizza di Rucola Alla Ricotta

Pizza of Rucola with Ricotta Cheese

리코타치즈를 곁들인 루꼴라 피자

INGREDIENTS

Pizza Dough 150g Tomato Sauce 125ml
Fresh Tomato 80g Mozzarella Cheese 80g
Parmigiano Cheese 30g Rucola Leaf 50g
Olive Oil 20ml Salt some Pepper some

METHOD OF COOKING

1. 리코타치즈는 우유, 생크림을 가열하여 레몬주스나 식초를 넣고 응고시켜 만들며, 피자뿐만 아니라 다양한 요리와 디저트의 재료로도 쓰이며, 레드와인이나 커피, 홍차와 곁들이기도 한다.
2. 분할한 피자도우를 반죽 미는 기계나 밀대로 밀가루를 묻혀서 원하는 크기의 둥근 모양으로 얇게 밀어 만들어 놓는다.
3. 피자팬에 버터를 약간 바르고, 도우를 팬닝한다.
4. 도우 위에 토마토소스를 깔고 얇게 자른 토마토를 놓고 모차렐라치즈와 리코타치즈를 뿌린 후 250℃ 온도의 오븐에서 10분정도 굽는다.
5. 오븐에서 피자를 구울 때에는 한쪽이 탈 수 있으므로, 수시로 피자의 굽는 방향을 회전시켜 주어야 한다.
6. 구워진 피자는 루꼴라, 파르메산 치즈와 함께 모양 있게 놓고 완성한다.

Pizza di Peperoni

Pizza of Pepperoni
페페로니 피자

INGREDIENTS

Mushroom 70g Carrot 30g Broccoli 30g Rice 30g
Parmesan Cheese 20g Butter 30g Italian Parsley 1g
Flour 10g Egg 1ea Bread Crumb 50g Basil 1g
Olive Oil 200ml Salt some Pepper some
– Amatriciana Sauce 70ml –
Tomato 50g Bacon 20g Garlic 10g Onion 20g

METHOD OF COOKING

1. 채소와 올리브, 페페로니는 슬라이스하고, 엔초비는 다지고, 체리토마토는 4등분한다.
2. 도우는 얇게 밀어 둥근 모양으로 팬닝하거나 특색 있는 사각모양으로 만든 후 도우에 소스를 펴서 바른다.
3. 채소, 햄, 엔초비, 치즈 순으로 뿌리고, 그 위에 페페로니, 올리브, 토마토를 장식한 후 200℃ 오븐에 넣어 치즈가 부풀어 오를 때까지 구워 준다.
4. 오븐에서 피자를 구울 때에는 한쪽만 타는 경우가 있으므로 수시로 확인하면서 피자의 굽는 방향을 회전시켜 주어야 한다.
5. 구워진 피자는 파르메산치즈와 바질 슬라이스를 모양 있게 올려 완성한다.

Pizza di Frutti di Mare Assortiti

Pizza of Assorted Seafood

여러 가지 해산물을 곁들인 피자

INGREDIENTS

Pizza Dough 150g Tomato Sauce 60ml
Mozzarella Cheese 140g Mussel 80g Clam 70g
Shrimps 80g Squid 45g Sea scallops 50g
Mushroom 40g Parsley Chopped 4g Salt and Pepper 1g
Garlic 10g Olive Oil 20ml Salt some Pepper some

METHOD OF COOKING

1. 조개는 소금물에 해감하고, 홍합은 불순물을 제거하여 준비한다.
2. 오징어와 관자는 깨끗하게 씻어 슬라이스로 썰어 준비한다.
3. 양송이는 슬라이스로 썰고, 파슬리는 다져 놓는다.
4. 분할한 피자도우를 둥근 모양으로 얇게 밀어 만들어 놓는다.
5. 피자팬에 버터를 약간 바르고 도우를 팬닝한다.
6. 도우 위에 토마토소스를 펴서 바르고 양송이, 해산물을 볶아서 골고루 뿌려 준다.
7. 모차렐라치즈를 뿌려서 220℃ 오븐에서 10분정도 굽는다.
8. 오븐에서 피자를 구울 때에는 한쪽만 타는 경우가 있으므로, 수시로 확인하면서 피자의 굽는 방향을 회전시켜 주어야 한다.
9. 구워진 피자는 허브를 모양 있게 올려 완성한다.

Pizza di Napolitana

Pizza of Napoletana

나폴리타나 피자

INGREDIENTS

Pizza Dough 350g Fresh Oregano 20g
Extra Virgin Olive Oil 20ml Black Olive 20g
Tomato 350g Mozzarella Cheese 120g
Garlic 5g Salt & Pepper some

METHOD OF COOKING

1. 양송이버섯, 당근, 브로콜리는 잘게 잘라서 오일을 두른 팬에서 소금, 후추를 넣고 볶아 둔다.
2. 불린쌀을 육수에 익혀서 뜨거울 때 파르메산치즈, 버터, 이탈리안파슬리, 소금, 후추를 넣고 골고루 섞어 준비된 채소를 버무린다.
3. 2를 동그랗게 만들어 밀가루, 달걀, 빵가루를 묻혀 160℃ 기름에 노릇노릇하게 튀긴다.
4. 토마토와 베이컨, 마늘 · 양파를 이용해 아마트리치1. 이탈리아 피자 중 가장 기본이 되는 피자는 나폴리 피자라고 할 수 있다.
2. 피자도우 위에 올리브오일을 소량 바른다.
3. 토마토, 마늘, 오레가노, 소금, 후추로 소스를 만들어 도우에 얇게 펴 바른다.
4. 모차렐라치즈와 블랙올리브 등을 토핑하고 올리브오일을 뿌려 200℃ 오븐에 넣어 15분정도 갈색으로 구워 낸다.
5. 오븐에서 치즈가 녹아 흘러내리고 갈색이 나기 전에 꺼내야 한다.
6. 오븐에서 피자를 구울 때에는 한쪽만 타는 경우가 있으므로, 수시로 확인하여 피자의 굽는 방향을 회전시켜 주어야 한다.
7. 구워진 피자는 파르메산치즈와 함께 모양 있게 올려 완성한다.

Sicilia Pizza con Parmigiano Formaggio e Melanzane

Pizza with Parmesan Cheese and Eggplant

파르마산치즈와 가지를 곁들인 시칠리아피자

INGREDIENTS

Pizza Dough 350g Fresh Oregano 20g
Extra Virgin Olive Oil 20ml Eggplant 200g
Tomato 350g Mozzarella Cheese 120g
Parmesan Cheese 70g Salt & Pepper some

METHOD OF COOKING

1. 시칠리아의 피자는 조각피자의 개념으로 식당이나 가판대에서도 판매하며, 토마토, 양파, 엔초비, 빵가루, 전통 치즈 등 다양한 재료를 토핑해서 만든다.
2. 분할한 피자도우를 반죽을 미는 기계나 밀대를 사용해 밀가루를 묻혀서 원하는 크기의 모양으로 얇게 밀어 만들어 놓는다. 둥글게도 만들고 사각의 형태로도 만든다.
3. 피자팬에 버터를 약간 바르고 도우를 팬닝한다.
4. 도우 위에 토마토소스를 바르고 모차렐라치즈, 소금, 후추를 뿌려 구운 가지를 올려 200℃ 오븐에 20분정도 구워 준다.
5. 오븐에서 피자를 구울 때에는 한쪽만 타는 경우가 있으므로, 수시로 확인하여 피자의 굽는 방향을 회전시켜 주어야 한다.
6. 구워진 피자에 파르메산치즈와 바질을 올려 완성한다.

Pizza di Quattro con Formaggio

Pizza of Quattro with Cheese

4가지 치즈피자

INGREDIENTS

Pizza Dough 350g Fresh Oregano 20g
Extra Virgin Olive Oil 20ml Eggplant 200g Tomato 350g
Mozzarella Cheese 120g Gorgonzola Cheese 80g
Brie Cheese 80g Cheddar Cheese 100g
Parmesan Cheese 70g Salt & Pepper some

METHOD OF COOKING

1. Quattro(콰뜨로)는 이탈리아 남성명사로 4개, 네 가지를 의미한다. 이 피자에서는 4종류 치즈를 사용해서 모차렐라치즈, 고르곤졸라치즈, 브리치즈, 체더치즈 4가지 치즈 각각의 맛을 느낄 수 있다.
2. 분할한 피자도우를 반죽을 미는 기계나 밀대를 이용해 밀가루를 묻혀 원하는 크기의 둥근 모양으로 얇게 밀어 만들어 놓는다.
3. 피자팬에 버터를 약간 바르고 도우를 팬닝한다.
4. 도우 위에 토마토소스를 바르고 다져서 볶아낸 가지와 토마토, 모차렐라치즈, 고르곤졸라, 브리치즈, 체다치즈를 1/4씩 도우에 올려 준다.
5. 200℃ 오븐에 피자를 15분정도 구워 낸다.
6. 오븐에서 피자를 구울 때에는 한쪽만 타는 경우가 있으므로, 수시로 확인하여 피자의 굽는 방향을 회전시켜 주어야 한다.
7. 구워진 피자에 파르메산치즈와 루꼴라나 오레가노잎을 올려 완성한다.

Carni e Verdure Alla Griglia Calzone

Calzone Stuffed with Beef and Grilled Vegetables

소고기와 구운채소 깔조네

INGREDIENTS

Pizza Dough 150g Mozzarella Cheese 150g
Cook Ham 30g Mushrooms 30g Black Mushrom 30g
Beef 30g Olive Oil 15ml Oregano 1g
Tomato Sauce 100ml Salt some Pepper some

METHOD OF COOKING

1. 깔조네는 이탈리아 전통요리로 속재료를 넣고 반달 모양으로 만들어 오븐에서 구운 요리이다.
2. 버섯은 슬라이스하고, 소고기는 팬에 오일을 두르고 볶아 식혀놓고 햄은 적당한 크기로 썰어 놓는다.
3. 피자도우를 분할하여 둥글고 얇게 밀어 준다.
4. 피자도우의 반쪽에 토마토소스를 바르고 버섯과 햄, 모차렐라치즈, 다진 오레가노 순으로 가지런히 올려 준비한다.
5. 피자도우 가장자리에 달걀노른자를 살짝 바르고 반으로 접은 후, 포크로 모양을 내거나 손으로 모양 있게 잘 붙여 준다.
6. 200℃ 오븐에서 10분정도 도우를 갈색이 나게 바삭하게 익힌 다음, 접시에 담아 낸다.
7. 오븐에서 구울 때는 한쪽만 타는 경우가 있으므로, 수시로 확인하여 깔조네 굽는 방향을 회전시켜 주어야 한다.

Minestrone di Milanese con Fagioli e Pasta

Minestrone of Milanese with Beans and Pasta

콩과 파스타를 곁들인 밀라노식 미네스트로네

INGREDIENTS

Onion 30g Carrot 30g Celery 20g Potato 20g
Garlic 10g Tomato 20g Broccoli 20g Gigli 10g
Kidney Beans 30g Basil 1g White Wine 50ml
Chicken Stock 200ml Bay Leaves 1ea
Salt some Pepper some

METHOD OF COOKING

1. 미네스트로네는 파스타와 쌀 등 여러 가지 채소와 페이스트소스를 넣어 만든 이탈리아식 채소수프이다.
2. 모든 채소는 비슷한 크기의 다이스 형태로 썰어 준비한다.
3. 베이컨과 브로콜리도 같은 다이스 크기로 썰어 놓는다.
4. 파스타 질리는 소금을 넣은 끓는물에 9분정도 삶아 놓는다.
5. 팬에 오일을 두르고 마늘, 양파, 당근, 셀러리를 투명하게 볶다가 감자를 넣고 볶아 준다.
6. 재료가 볶아지면 화이트와인으로 향미를 더하고, 준비된 육수를 붓고 질리파스타와 강낭콩, 바질, 소금, 후추, 월계수잎 한 장을 넣어서 뭉근하게 끓여 준다.
7. 거의 완성될 즈음 토마토콩카세와 브로콜리를 넣고, 조금 더 끓이다가 이탈리안파슬리와 소금, 후추 간을 더하여 수프를 완성한다.
8. 접시에 담기 전에 월계수잎은 제거한다.
9. 볼에 담고 비트순을 곁들여 완성한다.

Bisque Zuppa di Gamberi

Bisque Soup with Prawn

새우 비스크수프

INGREDIENTS

Prawn 200g Potato 70g Onion 40g Carrot 30g
Celery 20g Leek 10g Tomato Whole 100g Cream 70ml
Fish Stock 200ml Brandy 30ml Butter 30g Dill 1g
Bay Leaves 1ea Salt some Pepper some

METHOD OF COOKING

1. 비스크수프는 갑각류나 조개류를 갈아서 체에 내려 만든 걸쭉한 형태의 크림수프로 알려져 있다.
2. 팬에 버터를 녹여 양파, 당근, 셀러리, 대파를 투명하게 볶다가, 오븐에서 구워낸 새우나 갑각류껍질 등을 감자와 함께 볶아 준다.
3. 재료가 볶아지면 브랜디로 비린내를 제거하고 홀토마토와 준비된 육수를 붓고 딜, 소금, 후추, 월계수잎 한 장을 넣어서 뭉근하게 끓여 준다.
4. 믹서에 곱게 갈아서 체에 걸러 퓌레를 완성한다.
5. 월계수잎을 꺼내고 냄비에 다시 퓌레를 담아 생크림, 소금, 후추를 넣어 간을 맞추고 수프를 완성한다.
6. 제공하기 바로 전 브랜디나 코냑으로 플람베를 해 좋지 않은 냄새를 제거하면 수프의 맛을 상승시킬 수 있다.
7. 볼에 수프를 담고, 장식으로 새우살과 허브를 올려 완성한다.

Broccoli Zuppa di Grissini

Broccoli Soup with Grissini

그리시니를 곁들인 브로콜리수프

INGREDIENTS

Broccoli 300g Potato 70g Onion 40g Celery 20g
Leek 10g Milk 70ml Cream 70ml Chicken Stock 200ml
Grissini 1ea Butter 30g Bay Leaves 1ea
Salt some Pepper some

METHOD OF COOKING

1. 브로콜리수프는 브로콜리 파란꽃봉오리 부분과 줄기 모두를 사용한다.
2. 수프장식용으로 작은 조각 1개만 남기고, 모두 슬라이스하여 다져 놓는다.
3. 팬에 버터를 녹여 양파, 셀러리, 대파를 투명하게 볶다가 얇게 썬 브로콜리, 감자를 넣고 볶아 준다.
4. 잘 볶아낸 재료들에 준비한 육수를 붓고 소금, 후추, 월계수잎 한 장을 넣어서 뭉근하게 끓여 준다.
5. 믹서에 곱게 갈아 체에 걸러 퓌레를 완성한다.
6. 냄비에 퓌레를 담고 우유, 생크림, 소금, 후추를 넣어 간을 해서 수프를 완성한다.
7. 볼에 수프를 담고 생크림을 휘핑하여 올린다.
8. 장식용 브로콜리를 올리고 그리시니를 곁들인다.

Zuppa di Lenticchie con Prosciutto di Parma

Lentil Soup with Parma Ham

파마햄 렌틸콩 수프

INGREDIENTS

Lentil 100g Parma Ham 30g Bacon 20g Potato 70g
Onion 40g Celery 20g Leek 10g Milk 70ml Cream 70ml
Chicken Stock 200ml Butter 30g Bay Leaves 1ea
Salt some Pepper some

METHOD OF COOKING

1. 렌틸콩을 1시간정도 물에 불려 준비한다.
2. 파르마햄은 팬에 살짝 볶아 수프에 넣고, 장식용은 따로 준비한다.
3. 팬에 버터를 녹여 베이컨, 양파, 셀러리, 대파를 투명하게 볶다가, 미리 불려둔 렌틸콩, 감자, 파르마햄을 넣고 볶아 준다.
4. 재료가 볶여지면 준비된 육수를 붓고 소금, 후추, 월계수잎 한 장을 넣어 렌틸콩이 익을 때까지 뭉근하게 끓여 준다.
5. 믹서에 곱게 갈아 체에 걸러 퓌레를 완성한다.
6. 냄비에 퓌레를 담고 우유, 생크림, 소금, 후추를 넣어 간을 하여 수프를 마무리한다.
7. 볼에 수프를 담고, 구운 파르마햄과 허브를 올려 완성한다.

Zuppa di Pesce di Mediterranea

Seafood Soup of Mediterranea

지중해식 해산물수프

INGREDIENTS

Mussel 70g Clam 50g Scallop 30g Shrimp 20g
Garlic 15g Onion 10g Peperoncino 2g Perno Wine 30ml
Caraway Seed some Dill 1g Clam Stock 300ml
Grissini 1ea Bay Leaves 1ea Salt some Pepper some

METHOD OF COOKING

1. 조개는 소금물에 2시간 이상 해감시키고, 홍합은 손질하여 마늘, 양파, 딜을 넣고 끓여 스톡으로 준비한다.
2. 팬에 올리브오일을 두르고 마늘, 양파를 투명하게 볶다가, 페페로치니, 홍합, 모시조개, 관자, 새우를 넣고 볶아 준다.
3. 재료가 볶아지면 화이트와인으로 향미를 더하고, 준비된 육수를 붓고 카라웨이씨, 딜, 소금, 후추, 월계수잎 한 장을 넣어 뭉근하게 끓여 준다.
4. 이탈리안파슬리와 소금, 후추 간을 더하여 수프를 마무리한다.
5. 수프볼에 조개류를 먼저 담고 국물을 조금씩 담아 1:1 비율로 맞추어 담고 곁들임으로 그리시니를 올린다.
6. 장식으로 허브잎을 올려 완성한다.

Orata Cartoccio Avvolto in Carta

Oven Baked Seabream Cartoccio Wrapped in Paper

종이에 싸서 구운 도미 까르토치오

INGREDIENTS

Seabream 1ea Potato 100g Cherry Tomato 70g
Basil 1g Black Olive 50g Green Olive 50g
Caperberry 10g Majoram 1g Oregano 1g Olive Oil 40ml
White Wine 40ml Egg yolk 2ea Lemon 1ea
Salt & Pepper some

METHOD OF COOKING

1. 까르토치오는 원추형의 종이 봉지를 뜻하는 말이다. 이탈리아요리에서는 생선이나 레몬, 와인, 허브를 넣어 오븐에서 구워내는 요리방법으로 이용한다.
2. 신선한 도미는 비늘과 내장을 제거하여 5장 뜨기한 다음, 60g 정도의 크기로 토막을 내어 소금, 후추, 레몬즙으로 마리네이드한다.
3. 감자는 껍질을 제거하여 만돌린으로 얇고 둥글게 썰어, 끓는물에 살짝 데친다.
4. 체리토마토는 4등분하고, 허브는 다진다.
5. 종이호일을 5cm 폭으로 잘라 가늘게 접어 끈을 만든다.
6. 오븐용 종이호일을 바닥에 깔고, 가운데 올리브오일을 바른 다음 감자를 겹겹이 붙여 직사각 형태로 깔고 소금을 약간 뿌린 후, 도미살 2쪽을 올리고 다진 허브를 뿌린다.
7. 체리토마토는 생선 가장자리 부분에 넣고, 녹색과 검은 올리브, 케이퍼베리, 바질잎을 올린 다음 와인을 조금 뿌린다.
8. 종이호일 가장자리에 달걀노른자를 바르고 조금씩 몇 번 접어 터지지 않게 만들어 주어야 하고, 양쪽은 사탕모양으로 뭉쳐 종이호일로 끈을 만들어 묶은 다음, 오븐용 팬에 담아 200℃의 오븐에서 15분정도 구워 낸다.
9. 노릇하게 구워진 종이의 윗부분을 칼로 잘라 접시에 담아 낸다.
10. 튀일이나 허브를 올려 완성한다.

Pan Scottato Coda di Rospo con Caponata

Baked Monkfish with Caponata

아귀구이와 카포나타

INGREDIENTS

Monkfish 200g Onion 50g Tomato 50g Squash 30g
Paprika 20g Eggplant 40g Garlic 10g Carrot 30g
Leek 20g Tomato Sauce 100ml Olive Oil 50ml
Salt & Pepper Some

METHOD OF COOKING

1. 이탈리아 카포나타는 양파, 토마토, 호박, 가지, 파프리카를 토마토 페이스트에 스톡을 넣고 볶아 사용하는 채소 스튜 형식을 말한다.
2. 아귀는 올리브오일, 허브, 소금, 후추를 뿌려 마리네이드한다.
3. 양파, 토마토, 파프리카, 애호박, 가지는 같은 크기 다이스로 썰고 마늘은 다져서 준비한다.
4. 준비된 재료를 볶다가 토마토소스와 파르메산치즈를 넣어 카포나타를 완성한다.
5. 달구어진 팬에 오일을 두르고 아귀를 갈색으로 익힌다.
6. 접시에 카포나타를 깔고, 구워진 아귀를 담는다.
7. 당근과 대파는 얇게 채 썰어서 기름에 튀긴 후 장식으로 올려 완성한다.

Pesce Merluzzo Fritto con Salsa al Limone

Fried Cod with Lemon Sauce

대구튀김과 레몬소스

INGREDIENTS

Cod fish 180g Flour 30g Egg 2ea Bread Crumb 80g
Butter 70g Lemon 1/2ea Garlic 20g Dill 1g
Olive Oil 50ml Salt & Pepper Some

METHOD OF COOKING

1. 대구를 손질해 비늘을 제거하고 세장뜨기 하여 1인분 크기로 잘라준다.
2. 손질한 대구살에 소금, 후추, 허브, 올리브오일, 마늘로 마리네이드 한다.
3. 마리네이드한 대구를 밀가루, 달걀, 빵가루를 묻혀 180℃ 기름에서 튀겨준다.
4. 팬에 버터를 색깔나지 않게 녹이고 레몬즙, 소금, 후추를 넣어 레몬소스를 만들어 끼얹어준다.
5. 블랙 올리브를 다져 놓는다.
6. 아스파라거스는 껍질을 벗겨 감자칼로 얇게 슬라이스하여, 튀긴 대구살 위에 올린다.
7. 튀일을 만들어 장식으로 사용한다.
8. 레몬 제스트를 만들어 올린다.
9. 레몬소스에 바질 다진 것을 섞어 사용한다.
10. 우유로 폼을 만들어 장식으로 올려 완성한다.

Thermidor con Gorgonzola

Lobster Thermidor with Gorgonzola Cheese

바닷가재 테르미도르와 고르곤졸라치즈

INGREDIENTS

Lobster 1/2ea Butter 30g Garlic 20g Onion 30g Mushroom 20g
White Wine 20ml Lemon 1/4ea Soft Flour 10g Chervil 1g
Olive Oil 50ml Salt & Pepper Some Becharmel Sauce 50ml
Hollandaise Sauce 30ml Parsley Chop 2g
Gorgonzola Cheese 50g Salt Some Pepper Some

METHOD OF COOKING

1. 바닷가재 테르미도르는 바닷가재살을 소스에 버무려, 그 껍질 속에 다시 넣고 그 위에 치즈를 올리는 요리이다.
2. 바닷가재는 반을 자른 다음, 꼬리살은 꺼내어 주사위 모양으로 썰고, 껍질은 끓는물에 데친다.
3. 양파는 다지고, 양송이는 4등분으로 자르고, 처빌은 다져 놓는다.
4. 팬에 버터를 두르고, 다진 양파를 볶다가 양송이를 넣고 볶는다.
5. 바닷가재살을 넣고 살짝 익히면서 레몬즙과 백포도주 순으로 넣어 준비한다.
6. 바닷가재 살을 팬에서 익힐 때 수분이 적으면 껍질 데친 물을 넣어 조절하고 다진 처빌과 소금, 후추로 간을 한다.
7. 가재껍질 안쪽에 준비된 소를 담고 베샤멜소스와 치즈를 뿌려 갈색이 나도록 오븐에서 구워 낸다.
8. 허브를 뿌려 완성한다.

Alla Griglia Branzino con Crosta Dell'erba e Asparagi Purea

Grilled Seabass with Herb Crust and Asparagus Puree

허브크러스트의 농어구이와 아스파라거스 퓌레

INGREDIENTS

Seabass 180g Dill 1g Chervil 1g White Bread 100g
Parsley 2g Asparagus 100g Milk 70ml Cream 50ml
Parmesan Cheese 7g Olive Oil 50ml
Salt & Pepper Some Parsley Chop 2g

METHOD OF COOKING

1. 농어는 180g으로 잘라 올리브오일과 허브를 바르고, 소금과 후추로 마리네이드한다.
2. 식빵은 가장자리를 잘라내고 잘게 다져 파슬리 다진 것, 소금, 후추 올리브오일을 섞어 허브크러스트를 만들어 놓는다.
3. 달구어진 팬에 오일을 두르고 마리네이드한 농어를 앞뒤로 구워준 후, 허브크러스트를 입혀 놓는다.
4. 아스파라거스는 우유와 생크림을 넣고 조려서 익혀준 뒤, 믹서에 갈아 파르메산치즈와 소금으로 간하고 농도를 맞춰 아스파라거스 퓌레를 만들어 준다.
5. 접시에 아스파라거스 퓌레를 깔고, 구워진 농어를 보기 좋게 담아 낸다.
6. 핑크페퍼와 블랙올리브를 다져 접시에 올린다.
7. 호박과 양파, 토마토를 접시에 올리고, 그 위에 농어구이를 올린다.
8. 대파 흰부분을 얇게 썰어 기름에 튀겨 장식으로 사용한다.
9. 바질을 장식으로 올려 완성한다.

Salmone al Vapore con Lenticchie Ragùe Finocchio

Steamed Salmon with Lentil Ragout and Fennel

렌틸 라구와 휀넬을 곁들인 연어찜

INGREDIENTS

Salmon 180g Lentil 70g Fennel 30g Cream Cheese 50g
Mustard 20g Milk 30ml Dill 1g Lemon 1/2 Caper 5g
White Wine 20ml Chive 1g Garlic 10g Onion 10g
Cream 100ml Olive Oil 50ml Salt & Pepper Some
Parsley Chop 2g

METHOD OF COOKING

1. 신선한 연어는 손질하여 허브, 소금, 후추로 마리네이드하여 준비한다.
2. 렌틸을 삶아서 크림치즈, 딜, 레몬주스, 케이퍼와 섞어 준비한다.
3. 준비된 연어를 2등분하여 렌틸과 크림치즈를 가운데 채워, 선이 보이도록 김을 넣고 꾸르부용에 찜을 한다.
4. 채소는 길게 썰어 데쳐내고, 팬에 볶아 원형으로 올려 낸다.
5. 팬에 오일을 두르고 마늘, 양파를 볶아 와인을 넣고 졸여서, 크림을 넣고 머스터드와 렌틸을 넣어 노란색 소스를 완성한다.
6. 접시에 소테한 펜넬을 깔고 연어찜을 올려, 준비된 소스를 뿌려 준다.
7. 우유로 폼소스를 준비하고 허브를 곁들여 완성한다.

Petto di Pollo Arrosto Ripiene di Spinaci e Pancetta

Roasted Chicken Breast Stuffed with Spinach and Bacon

시금치와 베이컨으로 속을 채운 닭가슴살

INGREDIENTS

Chicken Breast 180g Spinach 50g Bacon 30g pasta 60g
Cream 50ml Rosemary 1g Pumpkin 40g Thyme 1g Garlic 20g
Olive Oil 50ml Salt & Pepper Some

METHOD OF COOKING

1. 닭가슴살은 마늘 슬라이스, 소금, 후추, 올리브오일을 넣고 마리네이드한다.
2. 시금치는 끓는물에 살짝 데쳐 찬물에 식혀 물기를 꼭 짠다.
3. 랩을 깔고 포로 뜬 닭가슴살을 놓은 후 그 위에 시금치를 펴서 깔고 베이컨을 올려서 둥글게 말아 모양을 만들어 준다.
4. 팬에 식용유를 두르고 겹쳐진 쪽을 먼저 익혀, 속 재료가 나오거나 분리되지 않게 구워 준다.
5. 오븐팬에 4.에서 구운 가슴살을 겹쳐진 부분이 아래로 가게 놓고 오븐에서 익힌다.
6. 오븐에서 꺼내 2cm 두께로 썰어 놓는다.
7. 버섯과 호박 파프리카를 손질하여 버터를 넣은 팬에서 볶아 곁들인다.
8. 파스타면을 삶아 패스토에 볶아 곁들인다.
9. 장식으로 허브, 식용꽃, 로즈마리를 올려 완성한다.

Lumaconi con Ossobuco Gremolata

Veal Osso Bucco with Gremolata

그레몰라타를 곁들인 송아지 오소부꼬

INGREDIENTS

Veal Osso Buco 300g Flour 20g Garlic 10g Onion 50g
Carrot 40g Celery 30g Red Wine 100ml Chicken Stock 200ml
Tomato Sauce 100ml Rice 50g Butter 20g White Wine 30ml
Saffron 1g Cream 50ml Parmesan Cheese 7g Gramolata 10g
Olive Oil 50ml Salt some Pepper some

METHOD OF COOKING

1. 그라몰라타(Gremolata)는 고기나 생선에 수반되는 우리의 반찬 개념으로 이탈리아음식 중 오소부꼬라는 송아지 정강이찜 요리에 곁들이는 소스로 파슬리, 마늘, 레몬껍질 다진 것으로 오늘날에는 로즈마리와 세이지, 엔초비, 판체타 혹은 프로슈토까지 넣어서 만들기도 한다.
2. 송아지 정강이에 소금, 후추로 간을 하고 밀가루를 묻힌 다음 뜨거운 팬에 오일을 두르고 색깔을 낸다.
3. 팬에 마늘, 양파, 당근, 셀러리를 볶은 후 레드와인을 넣고 졸여서 스톡, 토마토소스를 넣고 끓인다.
4. 끓기 시작하면 색깔을 낸 송아지 오소부꼬를 넣고 2시간정도 시머링 상태로 소금과 후추로 간을 하여 은근히 끓인다.
5. 냄비에 올리브오일과 버터를 두르고 다진 양파를 볶다가 쌀을 넣고 볶는다.
6. 화이트와인과 샤프론, 치킨스톡을 넣고 잘 저으면서 리소토를 만들어 준비한다.
7. 리소토를 만들어 준비하고 생크림과 파마산 치즈를 넣고 소금 후추로 간하여 그라몰라타를 완성한다.
8. 준비된 접시에 리소토를 담고 오소부꼬와 그라몰라타를 올려 완성한다.

Petto D'anatra con Scalogno e Bigarade Salsa

Duck Breast with Shallot and Bigarade Sauce

샬롯을 곁들인 오리가슴살 구이와 비가라드소스

INGREDIENTS

Duck Breast 1ea Garlic 20g Olive Oil 50ml
Salt & Pepper Some Thyme 1g Sage 1g Sugar 20g
Red Wine 50ml Grape Jam 20g Orange Juice 50ml
Brandy 10ml Demi Glace 30ml Orange 1/2ea
Salt Some Pepper Some

METHOD OF COOKING

1. 오리는 기름과 힘줄을 제거한 후 껍질에 칼집을 넣어 준비한다.
2. 마늘 슬라이스, 올리브오일, 소금, 후추, 허브를 넣고 마리네이드 해준다.
3. 팬에 기름을 두르고 오리가슴살을 껍질 쪽부터 노릇하게 굽고, 오븐팬에 껍질이 위로가게 놓고 오븐에서 익힌다.
4. 팬에 설탕, 물을 조금 넣고 연한 갈색이 나게 녹인다.
5. 적포도주, 포도잼, 오렌지주스, 브랜디, 데미글라스, 소금, 후추를 넣고 고운체에 걸러 비가라드 소스를 만든다.
6. 오렌지껍질은 하얀 부분은 제거하고, 색깔 있는 부분만 가늘게 채 썰어 끓는물에 데쳐 놓는다.
7. 체에 거른 소스를 다시 팬에 담아 끓이면서 6.의 오렌지를 넣고 완성시킨다.
8. 준비된 접시에 담고 장식으로 다임을 곁들인다.

Giovane Pollo Marinato in Vino di Porto

Panfried Young Chicken Marinated in Port Wine

포트와인에 절인 영계구이

INGREDIENTS

Young Chicken 1ea Onion 30g Carrot 20g
Celery 15g Tomato 50g Garlic 20g Rosemary 1g
Parsley 2g Majoram 1g Red Wine 100ml
Chicken Stock 200ml Olive Oil 50ml
Salt & Pepper Some

METHOD OF COOKING

1. 영계는 소금, 후추, 허브, 포트와인으로 마리네이드를 해 놓는다.
2. 팬에 오일을 두르고 마리네이드한 영계를 센불에서 구워 준다.
3. 팬에 버터, 오일을 두르고 채소를 볶다가 토마토, 육수를 붓고 중간 불에서 뭉근하게 끓인다.
4. 색을 낸 영계와 채소를 포트와인과 향초다발을 냄비에 담고 고기가 잠길 정도로 육수를 붓고 30분정도 끓이다가, 뚜껑을 덮고 170℃ 오븐에서 2시간정도 부드럽게 익도록 둔다.
5. 고기가 부드럽게 익으면 꺼내 놓고, 고기를 빼낸 국물은 체에 걸러 냄비에 옮겨 담고 농도를 맞춘 후 약불에서 뭉근하게 끓이고 윤기가 날 때까지 졸여서 시럽의 느낌이 나도록 조리해 소스로 사용한다.
6. 접시에 담을 때 파스타 리소토를 만들어 곁들인다.
7. 장식으로 마조람을 곁들여 완성한다.

Cordon Bleu di Pollo con Basilico Fettuccine

Chicken Cordon Bleu with Basil Fettuccine

바질 페투치네를 곁들인 치킨 꼬르동블루

INGREDIENTS

Chicken Breast 1ea Ham 10g Cheddar Cheese 10g
Flour 10g Bread Crumb 50g Egg 1ea Fettuccine 30g
Basil Pesto 70g Thyme 1g Sage 1g
Chicken Stock 200ml Olive Oil 50ml
Salt & Pepper Some

METHOD OF COOKING

1. 닭가슴살을 손질해 가운데 부분에 칼집을 넣고 소금, 후추, 허브, 올리브오일로 마리네이드한다.
2. 마리네이드한 닭가슴살에 햄, 치즈를 채워 넣고 밀가루, 달걀, 빵가루를 묻혀 팬에서 색이 나도록 오일을 두르고 익혀 낸다.
3. 끓는물에 페투치네면을 8분간 삶아 낸다.
4. 팬에 오일을 두르고 슬라이스한 양송이와 페투치네면을 볶으면서 베이컨, 바질페스토를 넣어 준다.
5. 볶은 면을 접시에 담고, 익힌 닭가슴살을 사선으로 잘라 위에 올려 준다.
6. 속재료 가운데 부분에 햄과 치즈가 잘 들어가야 하고 치즈가 밖으로 흐르지 않아야 한다.
7. 장식으로 바질을 올려 완성한다.

Filetto di Manzo con Fontina e Melanzane

Beef Tenderloin with Fontina Cheese and Eggplant

폰티나 치즈를 곁들인 밀라노식 소고기 안심

INGREDIENTS

Beef Tenderloin 180g Eggplant 30g
Fontina Cheese 20g Carrot 30g Italian Tomato 20g
Assorted Micro Leaf 10g Beet 10g Olive Oil 50ml
Lemon Juice 20ml Salt some Pepper some

METHOD OF COOKING

1. 안심은 손질하여 다듬고 1인분으로 모양 있게 잘라 조리용 실로 묶은 다음, 소금과 후추로 마리네이드한다.
2. 가지는 3mm 두께로 썰어, 약간의 소금에 절여 물기를 제거한다.
3. 당근은 둥근 형태로 준비하고, 토마토는 웨지로 썰어 놓는다.
4. 새송이버섯을 손질하고, 호박은 나뭇잎 모양으로 잘라 놓는다.
5. 팬에 올리브오일을 둘러 가지의 양면을 노릇하게 구워놓고, 토마토는 살짝 볶는다.
6. 프라이팬에 기름을 둘러 센불에 스테이크를 골고루 갈색이 나게 한 후 실을 제거하고, 구운 가지로 옆면을 둥글게 감싸 준비한다.
7. 토마토와 폰티나치즈 순으로 올려 오븐에서 치즈 표면이 노릇하게 될 때까지 굽는다.
8. 준비된 채소를 팬이나 그릴에 구운 후 소금, 후추를 넣고 볶아 준다.
9. 고기를 구울 때 나온 육즙으로 즉석에서 소스를 만들어 곁들인다.
10. 감자를 채로 쳐서 오븐에 구워 장식으로 올린다.

Saltimbocca di Romana Spostato con Prosciutto di Parma

Saltimbocca of Romana Wrapped with Prosciutto

프로슈토 햄으로 말은 로마식 살팀보까

INGREDIENTS

Beef Tenderloin 160g Prosciutto Ham 20g Sage 1g
Butter 30g White Wine 50ml Red Onion 50g
Oyster Mushroom 40g Rucola 10g Olive Oil 50ml
Salt some Pepper some

METHOD OF COOKING

1. 살팀보까는 송아지나 소고기에 절인 햄으로 감싸 허브 세이지로 양념하여 구운 이탈리아요리를 말한다.
2. 절인 햄은 소금을 함유하고 있어 짠맛이 강하므로 얇게 썰어 애피타이저로 제공되거나 고기에 감싸 굽기도 한다.
3. 안심을 손질하여 스테이크 형태로 160g~180g 준비한다.
4. 붉은양파는 얇게 슬라이스하고, 새송이는 도톰하게 썰고, 루꼴라는 깨끗이 씻어 싱싱하게 만들어 물기를 제거하고 사용한다.
5. 프로슈토는 안심 크기에 맞게 적당한 크기로 자른다.
6. 손질한 안심을 접시에 펴놓고, 그 위에 세이지잎을 하나 놓고 프로슈토 햄으로 안심을 둘러싸서 고정시킨 후 으깬 통후추로 마리네이드한다.
7. 팬에 버터를 두르고 양파와 새송이를 볶다가, 루꼴라를 넣고 잠시 더 볶은 뒤 소금, 후추로 간한다.
8. 팬에 버터와 오일을 둘러 가열한 후 고기의 앞뒤를 엷은 갈색이 나도록 구워 낸다.
9. 고기를 구운 팬에 육즙, 육수, 와인, 소금, 후추, 크림을 넣고 졸여 소스를 즉석으로 만들어 준비한다.
10. 장식으로 비트순과 다임을 올려 완성한다.

Vitello Cotoletta di Milano con Salsa di Lamponi

Veal Cutlet of Milanese with Raspberry Sauce

밀라노식 송아지 커틀렛과 라스베리소스

INGREDIENTS

Veal Loin 160g Rosemary 1g Flour 20g Egg 1ea
Bread Crumb 40g Raspberry 50g Sugar 15g
Salt some Pepper some

METHOD OF COOKING

1. 뼈를 제거한 송아지고기를 손질하여 얇게 저며준다.
2. 얇게 저민 송아지고기를 소금, 후추, 허브를 넣어 마리네이드한다.
3. 마리네이드한 송아지고기에 밀가루를 묻힌 후 달걀, 빵가루를 입혀 기름에 튀겨 낸다.
4. 라즈베리를 설탕과 물을 넣고 끓여 농도를 조절한 뒤, 체에 내려 라즈베리소스를 만들어 준다.
5. 오징어 먹물을 넣은 튀일을 만들어 장식으로 곁들인다.
6. 크림과 허브를 이용해 흰색소스를 준비한다.
7. 발사믹식초에 꿀을 넣고 졸여 발사믹소스를 만들어 준비한다.
8. 접시에 모양 있게 담고 루꼴라와 튀일을 올려 완성한다.

Lamb Chop con Verdure Alla Griglia e Crosta Dell'erba

Lamb Chop with Grilled Vegetable and Herb Crust

구운채소와 양갈비 허브 크러스트

INGREDIENTS

Lamb Rack(뼈 포함) 300g White Bread 100g
Parsley Chop 3g Garlic 10g Garlic Powder 2g
Mustard 10g Olive Oil 50ml Salt some Pepper some

METHOD OF COOKING

1. 양갈비는 뼈쪽의 기름과 뼈를 제거한 후 손질해 올리브오일, 마늘슬라이스, 소금, 후추, 허브로 마리네이드 해 놓는다.
2. 팬에 오일을 두르고 양갈비를 레어로 익힌 후, 오븐에 미디움레어가 될 때까지 익힌다.
3. 식빵은 가장자리를 제거한 후 잘게 잘라 파슬리, 소금, 후추, 드라이허브, 마늘파우더, 올리브오일을 넣어 갈아서 허브 크러스트를 만들어 놓는다.
4. 머스터드를 양갈비 표면에 고루 바른 후, 크러스트를 3mm 두께로 고루 눌러 입혀 오븐에서 미디엄이 되도록 익힌다.
5. 크러스트가 부서져 떨이지지 않게 주의하고 뼈를 기준으로 접시에 담을 경우 모양에 신경을 써야 한다.
6. 파프리카와 양파를 잘게 썰어 토마토를 넣고 팬에서 볶아 준비하고, 양파를 원형으로 잘라 오븐에서 구운 후 볶아놓은 파프리카를 양파 속에 채워 넣는다.
7. 체리토마토와 샬롯은 껍질을 제거하고 오븐에서 구워 준비한다.
8. 단호박은 손질해 그릴에 굽고, 오븐에서 한 번 더 익혀 낸다.
9. 준비된 접시에 모양 있게 담고 장식으로 민트를 올려 완성한다.

Dolce
디저트

Tiramisu Cheese Cake with Raspberry Sauce

INGREDIENTS

Mascapone Cheese 80g Egg 1ea Castella 30g Sugar 30g Espresso 20ml Cocoa Powder 20g Rum 2ml Raspberry Sauce 30ml

티라미수 치즈 케이크와 산딸기소스

METHOD OF COOKING

1. 볼에 달걀노른자와 설탕을 넣고 위스크로 저어 둔다.
2. 마스카포네치즈에 럼을 넣고 위스크로 저어둔다.
3. 다른 원형 볼에 생크림을 휘핑한다.
4. 달걀흰자를 휘핑하여 준비된 재료를 모두 섞는다.
5. 둥근 몰드에 진한 에스프레소커피를 적신 카스텔라를 깔고, 혼합한 마스카포네를 얹고, 다시 카스텔라를 덮은 후 코코아가루를 뿌린다.
6. 접시에 몰드에서 뺀 티라미수를 놓고 산딸기소스를 곁들인다.
7. 장식으로 민트를 올린다.

Pana Cotta with Orange Sauce

INGREDIENTS

Cream 130ml Milk 20ml Sugar 30g
Vanilla Essense 1g Gelatine 1ea Rum 2ml
Orange Sauce 30ml Apple Mint 1ea

파나코타와 오렌지소스

METHOD OF COOKING

1. 판젤라틴을 찬물에 불려 준비한다.
2. 냄비에 생크림, 우유, 설탕, 바닐라에센스, 럼을 넣고 설탕이 녹을 정도로만 데워지면 불린 젤라틴을 넣고 몰드에 붓는다.
3. 몰드를 냉장고에서 2시간 굳힌다.
4. 몰드 표면에 뜨거운 물(불)을 살짝만 닿도록 한 후 내용물을 빼내고, 접시에 보기 좋게 담아 낸다.
5. 몰드에서 빼낼 때 뜨겁게 하는 것보다, 손바닥 체온을 이용하여 빼내게 되면 시간이 조금 지체되지만 판타코타 모양이 흐트러지지 않기 때문에 권장한다.
6. 애플민트와 오렌지소스를 곁들인다.

Banana Cream Cake with Fig

Torta Banan

INGREDIENTS

White Sponge 1ea Cream 200g
Banana Powder 20g Sugar Powder 40g
Fig 20g Apple Mint 1ea

ream con Fig

바나나 크림 케이크와 무화과

METHOD OF COOKING

1. 크림을 휘핑해서 반 정도는 슈가파우더를 첨가하고, 나머지 반은 바나나 파우더를 섞어서 준비한다.
2. 화이트스펀지를 이등분하여 가운데 생크림을 채워 쌓아주고, 윗 표면에 생크림과 바나나크림을 번갈아가며 길게 얹어 준다.
3. 무화과와 애플민트를 곁들인다.
4. 초콜릿을 길게 말아 장식으로 사용한다.
5. 설탕을 냄비에 녹여 갈색이 되도록 만들어, 설탕공예로 장식한다.

Lemon Tart with Chocolate

Limone Crosta

INGREDIENTS

Soft Flour 100g Margarine 34g Sugar 66g
Egg 20g Banana 10g Chocolate 20g
– Lemon Cream –
Lemon Zest 30g Lemon Juice 30ml Sugar 300g
Butter 200g Egg 300g Gelatine 1ea

레몬 타르트와 초콜릿

METHOD OF COOKING

1. 레몬을 깨끗이 씻어 제스트와 주스를 분리하여 준비한다.
2. 마가린에 설탕을 넣어 실리콘주걱으로 저어주다가, 박력분을 넣어 반죽하여 휴지한다.
3. 휴지된 반죽을 밀대로 밀어 타르트 틀에 팬닝하여 오븐에 굽는다.
4. 달걀을 풀어 설탕, 레몬제스트, 레몬주스를 넣고 녹인 버터와 섞어 준다.
5. 4.를 체에 걸른 후 가열하면서 불린 젤라틴을 넣어주고 차게 냉장고에서 식혀 놓는다.
6. 굳어진 레몬크림을 타르트에 채워 넣고 굳혀 놓는다.
7. 바나나와 초콜릿을 장식으로 곁들인다.

REFERENCES

- 박주희, 한 번 배워서 평생 써먹는 최고의 이탈리아요리, 동아일보사, 2012.
- 안토니오 셰프의 이탈리아요리, Daega Books, 2012.
- 오석태, 조리입문, 한국조리기술연구소, 2011.
- 오석태 · 김원모, 전문요리사를 위한 디저트, 지구문화사, 2009.
- 한춘섭 외 1인, 정통이태리요리, 백산출판사, 2011.
- 윤수선, 주방관리론, 백산출판사, 2010.
- 염진철 외, 사진으로 보는 전문조리용어해설, 백산출판사, 2008.
- 임성빈 · 심재호 · 박헌진, 맛있는 이탈리아요리, 효일, 2004.
- 정청송, 서양조리기술사전, 기전연구사, 1988.
- 조리용어해설, 윤수선 외 4인, 지식인, 2015.
- 최미숙, 정통 파스타요리, 예신북스, 2006.
- 서양조리기술사전, 정청송, 기전연구사, 1988.
- 고범석, The World of Great Culinary Arts Italian Cuisine, 훈민사, 2008.
- 박희준 · 박성훈, Europen Cooking Delicacy(유럽의 코스요리 델리커시), 현학사, 2013.
- 민계홍, Italy Cuisine, 백산출판사, 2012.
- 이영미. 파스타, 김영사, 2004
- 진양호, 이탈리아 요리용어, 현학사, 2004
- 안토니오 심, 나폴리 화덕피자, 도서출판 대가, 2014

- Dine with Europe Master Chefs Cold Appetizers, K nemann, 1998.
- The Glorious Pasta of Italy, Marchetti,domenica 외, Chronicle Books Llc, 2011.
- Jenny S, Kathryn H, Risotto, Apple, 2000.
- Kay Halsey, Italian, Le Cordon Bleu, 1998.
- Le Cordon Bleu, Pasta, Periplus Editions, 1998.
- Making Artisan Pasta. Green, Aliza. Quarrybooks. 2012.
- Pasta by Hand, Louis, Chronicle Books Llc, 2015.
- Mastering Pasta, Vetri, Marc, Ten speed press, 2015.
- Hotel Shilla 직무교재.
- Lotte Hotel 직무교재.
- New 이탈리아요리, 김동일 외 2인, 대왕사, 2015.
- Professional Bakery & Pastry, 김형일 외 5인, 지식인, 2015.
- Ritz Carlton Seoul 연회.
- The Plaza Hotel 직무교재.
- The Professional Chef, 9 Edition, 2012.

- 네이버 지식백과, 두산백과.
- 그랑라루스 요리백과, 강현정 외 1인, 시트롱마카롱 제공.

저자 소개

류정열

현, 한국관광대학교 호텔조리과 교수

관광경영학 박사

Ramada Plaza Cheong-ju Hotel 조리장

The Ritz-carlton Seoul Hotel 조리장

대한민국 조리기능장

윤수선

현, 안산대학교 호텔조리학과 교수

호텔관광경영학 박사

대한민국 조리기능장

The Plaza Hotel 조리팀

직업능력개발훈련교사

중등학교 정교사

권기완

현, 서영대학교 호텔조리제빵과 교수

조리외식경영학 박사

The Plaza Hotel 조리팀

직업능력개발훈련교사

중등학교 정교사